Lernkrimi Französisch

Rendez-vous mortel

Ilse Arnauld des Lions
Rosemary Luksch

Compact Verlag

Bisher sind in der Reihe Compact Lernkrimi Kurzkrimis erschienen:
- Englisch, Französisch, Italienisch, Spanisch: A2

In der Reihe Compact Lernkrimi sind erschienen:
- Englisch, Französisch, Italienisch, Spanisch: B1, B2
- Englisch GB/US, Business English: B1, B2
- Deutsch: B1

In der Reihe Compact Lernkrimi History sind erschienen:
- Englisch: B1, B2

In der Reihe Compact Lernthriller sind erschienen:
- Englisch: B1, B2

In der Reihe Compact Lernstory Mystery sind erschienen:
- Englisch: B1, B2

In der Reihe Compact Hörbuch Lernkrimi sind erschienen:
- Englisch: B1, B2, Business English: B2
- Französisch, Italienisch, Spanisch: B1

Lernziele:
- Grundwortschatz, Grammatik (A2, B1)
- Aufbauwortschatz, Konversation (B2)

In der Reihe Compact Schüler-Lernkrimi sind erschienen:
- Englisch, Französisch, Spanisch, Latein, Deutsch, Mathematik, Physik, Chemie

Weitere Titel sind in Vorbereitung.

Chefredaktion: Dr. Angela Sendlinger
Redaktion: Gesa Füßle
Fachredaktion: Tristan Coignard
Produktion: Wolfram Friedrich
Titelillustration: Karl Knospe
Typographischer Entwurf: Maria Seidel
Umschlaggestaltung: Carsten Abelbeck

ISBN 978-3-8174-7735-7
7277352

Besuchen Sie uns im Internet: www.compactverlag.de, www.lernkrimi.de

Vorwort

Mit den neuen, spannenden Compact Kurzkrimis können Sie Ihre Französischkenntnisse auf schnelle und einfache Weise vertiefen, auffrischen und überprüfen.
Die vier fesselnden Kurzkrimis sind ideal für geübte Anfänger und Wiedereinsteiger.
Jeder Krimi wird durch abwechslungsreiche und kurzweilige Übungen ergänzt, die das Lernen unterhaltsam und spannend machen.
Prüfen Sie Ihr Französisch in Lückentexten, Zuordnungs- und Übersetzungsaufgaben, in Buchstabenspielen und Kreuzworträtseln!
Ob im Bus oder in der Bahn, im Wartezimmer, zu Hause oder in der Mittagspause – das Sprachtraining im handlichen Format bietet die ideale Trainingsmöglichkeit für zwischendurch.
Schreiben Sie die Lösungen einfach ins Buch!
Die richtigen Antworten sind in einem eigenen Lösungsteil am Ende des Buches zusammengefasst. Im Anhang befindet sich außerdem ein Glossar, in dem die schwierigsten Wörter übersetzt sind. Diese sind im Text kursiv markiert.

Und nun kann die Spannung beginnen ...

Viel Spaß und Erfolg!

Die Ereignisse und die handelnden Personen in diesem Buch sind frei erfunden. Etwaige Ähnlichkeiten mit tatsächlichen Ereignissen oder lebenden Personen wären rein zufällig und unbeabsichtigt.

Inhalt

Rendez-vous mortel
Eines Abends findet Théo im Restaurant einen Gast tot auf. Es handelt sich um einen Politiker. Könnte der neue Gesetzentwurf mit seinem Tod zusammenhängen?

Le cambriolage
Bei Monsieur Duval wird eingebrochen. Der Dieb entkommt auf einem alten Fahrrad. Da das Haus gerade renoviert wird, fällt der Verdacht zunächst auf die Bauarbeiter. Doch wer fährt ein so altes Rad in dieser bergigen Gegend?

Mort à l'opéra
Als die Kommissarin Sylvie endlich einmal in die Oper geht, wird der Tenor auf der Bühne erstochen. War es ein Unfall oder kaltblütiger Mord? Wer hat den Dolch vertauscht?

Le suicide
Annie findet im Park einen Rucksack. Er gehörte einem Schüler, der sich vor kurzem umgebracht hat. Aber warum sollte er vorher seinen Rucksack weggeworfen haben? Annie forscht nach ...

RENDEZ-VOUS MORTEL

Ilse Arnauld des Lions

Chapitre 1 : Chez Pauline

Comme tous les soirs à cinq heures, Théo met son *imperméable*. Un dernier regard pour son *studio* : les lumières sont bien *éteintes*, la cuisinière également. *Aucune* bougie n'est allumée, la *chaîne hi-fi* est *en veille* et les fenêtres fermées. C'est bon, il peut partir. Il prend son parapluie et les clés, sort sur le palier et ferme la porte à clé. Théo est un jeune homme qui approche de la trentaine. Il a l'*air* un peu plus âgé, probablement à cause de son *imperméable* qu'il porte toujours, par temps de pluie ou en plein soleil. Il *mène* une vie *tranquille*, en plein *cœur* de Paris. Toutes ses activités se font autour du Palais Royal. Son *studio* est situé sous les toits d'un petit immeuble bien parisien de la rue des Petits Pères près du Palais Royal. Il descend les six étages, ouvre la lourde porte d'entrée de l'immeuble et *vérifie* une dernière fois son apparence dans la vitrine du magasin d'en face, avant de sortir sur le trottoir.

Théo est très *minutieux* dans tout ce qu'il fait. Il est précis et ses gestes sont réfléchis. Il aide souvent sa voisine, une femme aux cheveux blancs, noués en *chignon*, qui marche *courbée* sur sa *canne*. Lorsqu'elle a besoin de quelque chose, elle frappe à sa porte.

Théo a quelques amis à qui il rend visite et qui viennent le voir de temps en temps. Il a trois passions : son quartier, son travail et ses livres. Il adore les romans policiers. En été, il aime lire à la terrasse d'un café, devant le Palais Royal. Souvent, il trouve le meurtrier avant la fin du livre. Il prend des notes, dessine des tableaux et des esquisses, note les noms.

Übung 1: Übersetzen Sie die Wörter und enträtseln Sie das Lösungswort!

1. ruhig _ _ _ _ ☐ _ _ _ _ _
2. Kerze _ _ ☐ _ _ _
3. Wandschrank _ _ ☐ _ _ _ _
4. Regenschirm _ _ ☐ _ _ _ _ _ _
5. Gehweg _ _ _ _ ☐ _ _ _
6. Herd _ _ ☐ _ _ _ _ _ _ _
7. Mörder _ ☐ _ _ _ _ _ _ _
8. Schaufenster _ _ _ ☐ _ _ _

Lösungswort: _ _ _ _ _ _ _ _

Le voici donc devant la porte de son immeuble. Il part à droite en direction du Palais Royal. Il adore se promener dans le quartier. Bien sûr, il n'habite pas *loin* de son travail : il faut passer devant le Palais Royal, rue de Beaujolais, prendre à gauche dans la rue de Richelieu et la première à droite, rue Villedo. Le restaurant « Chez Pauline » se trouve au numéro cinq. Il se remarque tout de suite avec son petit toit de tuiles noires qui protège l'entrée. Normalement, dix minutes suffisent pour y arriver. Mais Théo aime se promener au milieu des *colonnes* de Buren et terminer sa promenade en faisant le tour complet des arcades. Devant son magasin préféré, il s'arrête. C'est un tout petit magasin dans lequel se trouvent des boîtes à musique en tout genre. Au centre de la vitrine, il regarde toujours avec émerveillement la petite *cage* dorée avec deux oiseaux mécaniques. Depuis quatre ans, chaque jour, il met un euro dans sa *tirelire*. La *cage* est très chère, mais, petit à petit, la somme économisée *augmente*. Il rêve déjà du jour où il achètera sa *cage* et s'arrête tous les soirs pour la saluer.

Le samedi, le restaurant où il travaille n'est ouvert que le soir, à partir de 19h30. Théo n'a besoin que de deux heures pour tout préparer. Depuis dix ans déjà, il travaille pour Monsieur Genin, son *patron*. Il connaît bien son travail, et sa *minutie* ainsi que son calme naturel sont très *appréciés* ici. Il lui suffit donc de sortir à 17 heures de son *studio*. Il reste vingt minutes au Palais Royal et arrive pile à l'heure, à 17h30 au restaurant « Chez Pauline ». Pauline, c'est la fille du *patron*. André Genin aime faire pour sa fille une cuisine à la fois *équilibrée* et traditionnelle. Et ce qui est bon pour elle l'est aussi pour ses clients. D'où l'idée de son restaurant. Un coup d'œil à la carte et il est clair que sa fille (et tous les enfants qui *profitent* d'un tel régime !) apprend à se nourrir de manière saine et variée. Il y en a pour tous les *goûts*, rien que les entrées *font déjà monter l'eau à la bouche*.

Übung 2: Beantworten Sie die Fragen zum Text!

1. A quelle adresse se trouve le restaurant « Chez Pauline » ?

____

2. Que vend le magasin préféré de Théo ?

____

3. Pourquoi Théo économise-t-il un euro par jour ?

____

4. A quelle heure Théo commence-t-il à travailler le samedi ?

____

5. Comment s'appelle le chef du restaurant « Chez Pauline » ?

6. Qui est Pauline ?

Théo *apprécie* beaucoup la cuisine de son chef. Il aime la mettre en *valeur* en organisant un service *impeccable*. Il connaît bien les *habitués* du restaurant. Comme tous les samedis, toutes les tables du restaurant sont réservées. Théo les prépare en fonction du nombre de personnes indiquées sur le livre des réservations. Une bonne moitié des personnes attendues sont des *habitués* du restaurant. Théo *remarque* un nom parmi les autres : Simon Prévost. Ce nom lui dit quelque chose, mais il est sûr d'une chose : ce n'est pas un *habitué*. Qui peut-il bien être ? Il est annoncé pour 19h30. Bizarre, en général, les réservations commencent à 20 heures. Sur le livre est inscrite la mention : « le monsieur ne veut pas être *reconnu*, choisir une table à l'*écart* ». De plus en plus bizarre... Théo choisit de lui réserver une table dans le vieux salon. Les *habitués* du vieux salon ne viennent jamais avant 21 heures. Comme cela, monsieur Prévost peut rester à l'abri des regards pendant une heure et demie.
Voilà, tout est prêt. Il est 19h29, Théo sort la clé de sa poche et ouvre la porte du restaurant. En cette soirée d'octobre, la température *extérieure* n'est plus assez douce pour laisser la porte constamment ouverte. Mais les lumières à l'*intérieur* et les tables dressées pour les clients montrent bien aux passants que le restaurant n'est pas fermé.

À peine la porte ouverte, le premier client entre, accompagné de sa femme. Théo s'approche d'eux.

« Madame, Monsieur, bonsoir.
– Bonsoir. Monsieur Prévost. J'ai réservé une table pour deux personnes.
– Veuillez me suivre, s'il vous plaît. Si vous voulez bien me donner vos manteaux... »
Théo prend les manteaux et accompagne les deux personnes jusqu'au vieux salon. En passant devant le bar, il donne les manteaux au garçon. Théo propose le banc à la femme et indique la chaise au monsieur, qui tourne ainsi le dos à la salle. Il se retourne, prend deux cartes sur le *guéridon* à côté de la porte et les donne aux clients en leur demandant s'ils veulent un apéritif. La femme demande un cardinal et l'homme un kir. Pendant que Théo se dirige vers le bar pour *commander* les deux apéritifs, ses pensées tournent autour de ce monsieur Prévost.
« Évidemment ! Pourquoi hésiter ? C'est pour cela que son nom me dit quelque chose ! Monsieur Prévost ! Le ministre des transports, de l'équipement, du tourisme et de la mer ! Rien que ça ! Voyons, il y a deux jours, dans le journal... Mais oui ! C'est cela ! L'enterrement de sa femme, morte la semaine dernière dans un accident de la route ! Et le voilà déjà accompagné d'une autre femme... ! Il se console bien vite. Il faut dire qu'il est difficile de résister à une femme de cette allure ! »

Übung 3: Finden Sie im folgenden Text zehn Körperteile!

ÜBUNG 3 !

En effet, cette femme est d'une beauté extraordinaire. Elle est grande, environ un mètre quatre-vingts, mince, mais pas maigre. Elle porte une robe *moulante* en satin vert, *fendue* au niveau des genoux, qui se termine en *volants* jusqu'au sol, une grande écharpe de soie vert foncé est posée sur ses épaules *dénudées*. Elle porte un *collier* et un bracelet de perles. Les traits de son visage sont très réguliers, ses petites oreilles ornées d'une grosse perle chacune, son nez fin et *légèrement relevé* à la pointe. Ses *pommettes* sont *saillantes*, sa bouche a un joli contour et ses lèvres sont roses, sans rouge à lèvres. Mais ce sont surtout ses yeux qui frappent : de très grands yeux en forme d'amande, d'un vert très *profond* et doux, *entourés* de *cils* d'une longueur incroyable. Son regard est véritablement *envoûtant*. Théo n'est nullement étonné de voir le ministre accompagné de cette femme. Une femme de cette classe, impossible de résister !

1. ____________________

2. ____________________

3. ____________________

4. ____________________

5. ____________________

6. ____________________

7. ____________________

8. ____________________

9. ____________________

10. ____________________

Elle ne porte pas d'*alliance* à sa main gauche, mais une *bague* avec une *monture* en *or* qu'orne un diamant d'une belle taille. « Est-ce le ministre qui la lui a donnée ? Allons, il faut servir l'apéritif. Tu dois travailler, pas rêver ! Ceci n'est pas un roman policier ! »

Théo prend les apéritifs et les porte à la table de monsieur Prévost. Il les pose sur la table et leur demande ce qu'ils veulent manger. La femme *commande* et, à chacun de ses *souhaits*, l'homme ajoute :
« La même chose pour moi, s'il vous plaît.
– Désirez-vous du vin avec votre repas ?
– Volontiers. Que nous proposez-vous ? »
Théo propose différents vins qui accompagnent merveilleusement les plats *commandés*. Après avoir choisi, le ministre lui demande :
« Pourriez-vous, s'il vous plaît, jeter pour moi ce *mouchoir* en papier ?
– Bien sûr, Monsieur. »

Übung 4: Sind die folgenden Aussagen richtig? Markieren Sie mit richtig ✔ oder falsch – !

ÜBUNG 4 !

1. La femme porte un petit diamant au doigt. ☐
2. L'homme commande la même chose que la femme. ☐
3. La femme est mariée. ☐
4. M. Prévost et sa compagne boivent du vin avant le repas. ☐
5. M. Prévost demande à Théo de lui apporter un mouchoir. ☐

Théo repart, la *commande* dans une main et le *mouchoir* dans l'autre. Au moment de jeter le *mouchoir* dans la poubelle, il voit quelque chose écrit dessus : « à lire par le garçon ». Il ouvre le *mouchoir* et trouve à l'*intérieur* une instruction : « Veuillez, s'il vous plaît, nous interrompre le moins possible. Merci ! » Théo *sourit*. Évidemment ! Nous ne sommes pas dans une cantine de gare ! Il fait passer la *commande* à la cuisine et descend à la *cave* chercher les vins.
Il décide de ne pas *déranger* le ministre et sa compagne avant

l'arrivée du premier plat et de les servir lui-même. Les clients suivants arrivent déjà. Théo va les *accueillir*. Heureusement pour le ministre, ce soir, la plupart des clients préfèrent la terrasse au vieux salon. En effet, les températures sont si douces qu'un seul *parasol chauffant* suffit à *maintenir* une température agréable sur la terrasse. Le *couple* est donc peu *dérangé*. Ils semblent bien s'entendre. Théo ne les *dérange* que pour apporter les plats ou *desservir*. De toute façon, ils ne font pas attention à lui. Le ministre est littéralement fasciné par la femme en face de lui. Après le dessert, elle préfère prendre un *sirop d'orgeat*, lui aussi. Théo le leur sert accompagné de quelques *truffes* à la *ganache*. Théo s'attend à ce qu'on lui demande l'addition. Il passe de temps en temps devant la porte pour leur donner l'occasion de l'appeler. Lors d'un de ces passages, il voit la femme *penchée* au-dessus de la table, ses longs cheveux noirs cachent son visage, à la manière de rideaux qui tombent jusque sur la table. Il regarde vite ailleurs. Il se dit qu'ils sont en train de s'embrasser.

! ÜBUNG 5

Übung 5: Fügen Sie in den idiomatischen Redewendungen das passende Wort ein!

(singe, taupe, carpe, loup, hirondelle, renard)

1. avoir une faim de ____________________
2. être malin comme un ________________
3. être rusé comme un _________________
4. une _________________ ne fait pas le printemps
5. être myope comme une ________________
6. être muet comme une ________________

À peine arrivé dans la salle du restaurant, il *remarque* la femme derrière lui. Ses pas sont rapides. Elle lui demande son manteau et sort du restaurant sans se retourner. Théo est étonné. Pourquoi part-elle tout à coup, pourquoi est-elle si pressée ?
Il entre dans le vieux salon et trouve le ministre, l'*air* content, un grand *sourire* aux lèvres. Celui-ci le *remarque* et l'appelle :
« Pouvez-vous m'apporter un digestif, s'il vous plaît ?
– Que préférez-vous ? Une prune de Souillac, un cognac, un armagnac, une poire, un Grand Marnier, une chartreuse ou un calvados ?
– Un armagnac, s'il vous plaît. Vous pouvez également m'apporter l'addition, dès qu'elle revient, nous partons.
– Bien, Monsieur. »

Chapitre 2 : Surprise

Théo apporte l'addition et s'occupe des autres clients. Au bout d'une demi-heure environ, un *couple* veut s'installer dans le vieux salon. Théo les guide. Pas de *traces* encore de la femme qui accompagne le ministre. Il entre dans le vieux salon, la femme n'est toujours pas là. Le ministre semble *assoupi*. Il est *avachi* sur son siège, les bras sur les genoux, la tête *légèrement penchée* de l'autre côté. Théo guide le *couple* à une table de l'autre côté du vieux salon. De là, ils ne peuvent pas *reconnaître* le ministre, leur vue est cachée par l'*abat-jour* beige d'une lampe placée sur un petit *guéridon*, à côté de leur table. Théo leur demande s'ils veulent un apéritif et leur donne la carte. Après leur *commande*, en passant devant la table du ministre, il s'arrête pour lui demander s'il a besoin de quelque chose. Le ministre ne répond pas. Théo s'approche, met sa main devant la bouche et *toussote*. Il répète sa question. Pas de réponse. *Aucun* mouvement, le ministre ne réagit pas. Théo passe de l'autre côté de la table pour mieux observer son client. Il *toussote* une nouvelle fois, repose sa question. Toujours pas de réaction. *Inquiet*, Théo s'approche encore du visage de son client. Là, il *remarque* que ses yeux sont ouverts et que même sa *poitrine* ne bouge pas. Il ne *respire* pas ! Théo touche la main du ministre. *Aucune* réaction. Le ministre est mort !

! ÜBUNG 6

Übung 6: Setzen Sie das passende Relativpronomen in die Lücken ein!
(qui, que, dont)

1. La femme ___________ accompagne le ministre est très séduisante.
2. Le vin _________ vous avez commandé est un très bon choix.
3. C'est un quartier de Paris ________ je ne connais pas bien.
4. Le restaurant ___________ je t'ai parlé propose une cuisine équilibrée.
5. C'est le dernier roman policier _________ j'ai lu.
6. C'est une histoire ________ je n'ai jamais entendu parler.
7. L'homme _______ habite avec moi est le meilleur du monde.

Heureusement, Théo sait ce qu'il faut faire dans un cas pareil. Surtout ne pas inquiéter la clientèle ! Il sort d'un pas normal du vieux salon puis *accélère*, direction la cuisine. Il en ouvre la porte.
« *Patron* !
– Un problème, Théo ? Vous êtes bien pâle ! Vous n'êtes pas malade, au moins ?

– *Patron*, je peux vous parler seul ? »
Le *patron* est *intrigué*. Ce *comportement* n'est pas habituel chez Théo.
« Que se passe-t-il ?
– Vous avez *remarqué* le monsieur dans le vieux salon, avec la femme très élégante ?
– Je ne vois pas, non.
– C'est le ministre des transports. Il est accompagné d'une femme que je ne connais pas. La femme est partie, il y a environ une demi-heure. Il l'attend.
– Jusqu'ici rien d'*anormal*.
– Oui, mais la femme n'est toujours pas là et le ministre est mort. Il est *avachi* sur sa chaise et ne bouge plus. Le deuxième *couple* qui mange au vieux salon est *assis* de l'autre côté, mais si nous appelons la police, nous risquons d'affoler tout le monde.
– Êtes-vous sûr qu'il est bien mort ?
– Je n'ai pas vraiment *vérifié*, mais tout dans son *attitude* l'indique.
– J'arrive ! »
Il se dirige d'abord vers un grand placard au fond de la cuisine. Théo se demande pourquoi. Que peut-il bien chercher ?
Il sort du placard, un grand *paravent* dans les mains.
« Génial ! » pense Théo, qui s'empresse de l'aider.

Lorsqu'ils passent devant le bar personne, à part le barman, n'est étonné de les voir transporter un *paravent*. Sans faire de bruit, ils mettent le *paravent* en place autour de la table du ministre. Ensuite, le *patron* s'approche du corps, il sort de sa poche un briquet en métal et le tient sous le nez du ministre. *Aucune trace* de *buée*. Le visage pâle, il *fait signe* à Théo de sortir sans bruit de la pièce. Lorsqu'ils se retrouvent dans le *couloir*, le *patron* confirme l'impression de Théo.

« Il est bien mort. Il faut appeler la police. Comment faire pour ne pas affoler nos clients ?
– J'ai un ami d'enfance qui est inspecteur de police à Paris. Je peux l'appeler, si vous le voulez. Avec un peu de chance, c'est lui qui s'occupe de notre quartier.
– Bonne idée, appelez-le ! »

ÜBUNG 7 !

Übung 7: Lesen Sie weiter und fügen Sie die Wörter in die entsprechenden Lücken ein!
(bar, attention, voitures, ami, œil, salon, affaires)

Un peu plus tard, l'inspecteur et ses hommes arrivent au restaurant. Heureusement, leurs (1.)________________ sont *garées hors de vue* de la terrasse et ils sont tous en civil. Théo repère tout de suite son (2.)________________. Il s'approche de lui et l'*accueille* en le remerciant de sa venue. Vu de l'*extérieur*, Théo donne l'impression d'*accueillir* un groupe pour un repas d' (3.)________________. Il les conduit jusqu'au vieux (4.)________________. Heureusement, le *couple* à côté ne fait pas (5.)________________. Personne ne fait de bruit. L'inspecteur, Marc Ciliabule, jette un coup d' (6.)________________ par la porte, donne des ordres à ses hommes, puis rejoint Théo devant le (7.)________________.

« Vas-y, explique-moi ce que tu as vu ! »
Théo lui raconte toute la soirée : sa *surprise* à la vue du ministre, la

femme d'une beauté exceptionnelle, le menu, les vins, puis le départ de la femme et l'armagnac du ministre. Il n'oublie *aucun* détail. Son ami Marc lui demande de passer le lendemain matin à son bureau pour faire un portrait-robot de la femme en question. Il faut maintenant transporter le corps du ministre hors de l'établissement, sans se faire *remarquer*. Marc promet d'attendre la fermeture du restaurant. De toute façon, il faut encore prendre les *empreintes* sur la table, les verres et les couverts.
« Zut ! Cela me revient d'un seul coup ! La femme portait des *gants*, tu sais, des *gants* qui vont jusqu'au coude.
– Eh bien, cela promet ! À mon avis, seules les *empreintes* du ministre sont sur les objets. »

Le *patron* sort de sa cuisine et vient à la rencontre de l'inspecteur.
« Bonsoir, Inspecteur. Désolé de ne vous *accueillir* que maintenant : malgré tout, le travail doit continuer.
– Ne vous inquiétez pas ! Théo est là pour m'aider. Le problème, c'est que nous ne pouvons pas transporter le corps sans nous faire voir.
– Donnez-moi encore vingt minutes. Les clients partent petit à petit et j'ai donné l'ordre de ne plus en laisser entrer. La terrasse est déjà rangée, il ne reste plus que deux tables dans le restaurant et le *couple* dans le vieux salon. Ils en sont tous au digestif. Si j'*éteins* petit à petit les lumières, je les *incite* à partir.
– C'est d'accord. Je vais essayer de ne pas citer le nom de votre restaurant. Cela ne va pas être facile. La presse va certainement vouloir se précipiter sur l'affaire. Je ne sais pas si c'est vraiment une bonne publicité pour vous !
– Ma foi, tant qu'il n'est pas mort empoisonné... »

De retour chez lui, Théo s'effonde sur son lit. Il est très fatigué.
« Quelle journée ! Alors, voyons... »

Il prend le journal qu'il a acheté le matin.
« C'est certainement ici. Je n'ai pas rêvé. Un article sur le ministre, justement. Ah ! Le voici ! »

Chapitre 3 : Premiers soupçons

L'article n'est pas très long, le titre n'*attire* pas beaucoup l'attention, pourtant la nouvelle est plutôt détonante:
Le ministre a déclaré vouloir limiter le nombre des *chevaux* des nouvelles voitures. Il veut *obliger* les constructeurs automobiles à produire des voitures moins puissantes, qui ne *consomment* que cinq litres d'*essence* aux cent kilomètres pour *parer* à la crise du pétrole et à la pollution. La question ne fait pas beaucoup de bruit. A croire que personne ne s'en occupe. Cela n'intéresse vraiment personne ? Théo est sceptique. C'est tout de même une limitation qui doit *gêner* les constructeurs automobiles.
« Quelle affaire ! Voyons, reprendre et organiser ce qui s'est passé lors de cette soirée et ce que je sais. »
Théo prend son *bloc-notes*. Il l'ouvre et y inscrit en grandes lettres : « Le ministre et la belle ». Il dessine ensuite un tableau à deux *colonnes*. Il donne un titre à chacune des *colonnes* : « Faits » à gauche et « *Indices* » à droite. Dans la *colonne* de gauche, il inscrit ce qu'il a *observé* pendant la soirée : la description de la femme, le menu, les boissons, les vêtements, l'heure de leur venue, l'heure du départ de la femme et le temps passé entre chacune de ses interventions à leur table. Il découpe ensuite l'article du journal et le *colle* dans la *colonne* de droite.
« Voilà une bonne chose de faite ! Maintenant, au lit ! Demain, une journée *mouvementée* m'attend. » Théo met son pyjama, se glisse dans les draps et s'endort très vite.

Übung 8: Wie heißen die Wörter auf Französisch? Übersetzen Sie!

1. das Gift ______________________
2. das Getränk ______________________
3. die Nachricht ______________________
4. der Buchstabe ______________________
5. die Zeitung ______________________
6. das Paar ______________________
7. die Werbung ______________________

Le lendemain, Théo n'a pas besoin de son *réveil* pour se lever. Il est si excité à l'idée d'entrer dans un vrai commissariat qu'il en oublie sa *prudence* habituelle. Au moment de verser l'eau bouillante dans sa tasse, il se tourne pour attraper une cuillère de l'autre côté et l'eau bouillante se répand sur le sol, juste devant ses pieds.
« Ouf ! *C'était moins une* ! À deux centimètres près, je me brûlais les pieds. Allons, *calme*-toi, que va penser ton ami Marc sinon ? »
Il s'habille, met son *imperméable*, *vérifie* qu'il a bien *éteint* les lumières, la cuisinière, sort sur le palier et ferme sa porte à clé. *Plongé dans ses pensées*, il préfère descendre en ascenseur.

Théo prend le métro. Pour une fois, il n'est pas question de flâner. Lorsqu'il arrive au commissariat, on *prévient* son ami de sa venue. Celui-ci vient le chercher et l'emmène dans son bureau. Depuis le *couloir*, on peut voir tous les bureaux et ceux qui y travaillent. Toutes les *parois* sont en verre. Marc lui explique que cela facilite la communication. Ils n'ont plus besoin de s'appeler d'un bureau à l'autre, il leur suffit de faire quelques gestes. C'est très pratique

pour certains *interrogatoires*. On peut se placer derrière la personne et *faire des signes* pour appeler les collègues sans être vu par la personne *interrogée*. Dans son bureau, Marc présente Théo à ses collègues. Théo se dirige vers l'ordinateur. Au moment où il veut s'*asseoir*, Marc l'en *empêche*.
« Non, non ! Ici, pas besoin de portrait-robot sur ordinateur ! Nous avons mieux que ça : Simon. Il n'est pas seulement un bon inspecteur, il est également un dessinateur *hors pair* ! Tu vas voir : *décris*-lui la personne et il la dessine comme tu te la représentes. »
Théo est *intrigué*. Un homme qui *remplace* l'ordinateur ? C'est le monde à l'envers... Il se met au travail et *décrit* la femme du mieux qu'il peut. Plus il donne de détails, plus le visage prend forme. Au bout du compte, c'est exactement le portrait de la femme qu'il a vue la *veille*.
« Incroyable ! C'est en tous points le visage de la femme mystérieuse ! Qu'est-ce que vous dessinez bien ! J'ai l'impression de la revoir !
– Merci pour le compliment. Mais c'est plutôt facile, vous avez un très bon *sens de l'observation* et une très bonne mémoire. Avec ça, n'importe qui est capable de faire un beau portrait. »

Marc rejoint les deux hommes et regarde le portrait à son tour.
« C'est vrai que c'est une très belle femme. Ce qui nous facilite le travail : je suis sûr que tout homme qui la rencontre s'en souvient encore longtemps. Nous allons la retrouver.
– À propos, Marc, qu'en est-il de cette nouvelle dans les journaux à propos du ministre ? As-tu déjà des *pistes* ?
– Quelle nouvelle ? Je ne vois pas de quoi tu parles.
– J'ai lu hier, dans le journal, que le ministre avait l'intention de limiter la *capacité* des moteurs des voitures à l'avenir. Il parlait de réduire à la fois la pollution et le nombre des accidents. Il était

question aussi de réduire la *consommation* d'*essence* des voitures. Quelque chose du genre : réduire par *décret* la *consommation* à cinq litres aux cent kilomètres.
– Non, je ne l'ai pas vu. Mais tu crois vraiment que quelqu'un est capable de tuer pour quelques litres d'*essence* de plus ou de moins dans un moteur ? Franchement !
– Je ne sais pas trop, à vrai dire. En fait, il me semble que c'est tout à fait possible. Finalement, c'est une industrie qui marche bien et le pétrole est déjà à l'origine de nombreuses guerres. Alors, pourquoi pas un assassinat ?
– Ha ha ha ! Toujours ta *passion* des romans policiers ? »
Marc se tourne vers ses collègues.
« Depuis qu'il sait lire, Théo ne lit que des romans policiers. Et c'est moi qui suis devenu inspecteur ! Probablement, parce que je n'ai pas autant d'imagination que toi ! Un complot de l'industrie automobile à cause d'un *décret*... Et pourquoi pas un ministre tué par une espionne des mille et une nuits ? Et non, mon pauvre Théo, dans 99 % des cas, c'est la *jalousie*, l'amour, la *passion* et l'argent qui *incitent* à tuer. Les espions, il y en a surtout dans les films ! »
Théo *sourit* lui aussi.
« Et c'est pour cela que c'est toi l'inspecteur ! »

Übung 9: Finden Sie im folgenden Textabschnitt die gesuchten Wörter!

1. ce dans quoi on enferme les oiseaux

____

2. grande fenêtre d'un magasin

____

3. quelqu'un qui aime est...

4. pays en Asie

5. image

6. ce qu'on voit quand on dort

7. si l'on attend longtemps, on a de ...

Pour rentrer chez lui, Théo préfère marcher. Il aime se promener dans les rues de Paris. Et puis comme cela, il peut ensuite traverser le Palais Royal et revoir les *colonnes* de Buren et la *cage*. Il retourne devant la vitrine du magasin de boîtes à musique. Alors qu'il observe encore la *cage*, une petite porte s'ouvre sur le côté. Une femme élégante, d'un âge *avancé*, sort du magasin et se dirige vers Théo.

« Bonjour, Monsieur. Je vous vois souvent vous arrêter devant ma devanture. Pouvez-vous me dire ce qui vous fascine à ce point ?

– C'est cette *cage*, avec les oiseaux. J'économise chaque jour un petit peu et espère pouvoir l'acheter bientôt. J'ai déjà économisé 1281 €.

– Et depuis combien de temps ?

– Je suis amoureux de cette *cage* depuis mon enfance. Mon premier livre raconte l'histoire de l'empereur du Japon et d'un *rossignol*. Dans ce livre, il y a un très beau dessin d'une *cage* avec un *rossi-*

gnol mécanique. La *cage* dans votre vitrine est exactement la même. Depuis qu'elle y est, j'économise pour réaliser mon rêve.
– Donc, depuis un peu plus de trois ans.
– Plus exactement depuis trois ans et demi.
– Vous avez une grande patience. Voulez-vous la regarder ?
– Oui, volontiers ! »

Il la suit dans le magasin étroit. Avec beaucoup de *précaution*, elle saisit la *cage* et la pose sur un petit *comptoir*, à côté d'une caisse *ancienne*.
« Vous voyez, ici : la petite clé. Lorsqu'on la tourne, les oiseaux chantent. *Écoutez* ! »
Elle tourne doucement la clé et le chant commence. Ils chantent comme des *rossignols*. Théo n'en revient pas. Quel beau chant !
Elle passe son doigt entre deux *barreaux* dorés de la *cage* et montre l'oiseau *empaillé* à gauche.
« Celui-ci date du XVIIIe siècle. C'est un *rossignol*. Le deuxième a été *remplacé* au XIXe siècle. Probablement par quelqu'un sans connaissance en biologie. Cette personne a pris un oiseau, l'a fait empailler sans se soucier de son chant. Ce n'est pas un *rossignol*, mais un rouge-gorge. C'est *dommage*, mais l'autre *rossignol* était certainement cassé.
– Tout de même, qu'est-ce qu'ils sont beaux ! »
La dame *retire* rapidement l'étiquette sur la *cage*.
« Vous avez bien dit 1281 €, n'est-ce pas ?
– Oui, c'est bien ça ! Je vais finir par y arriver.
– Mais, vous y êtes déjà ! C'est exactement le prix de la *cage* : 1281 €.
– En êtes-vous certaine ? Il me semble avoir vu un autre prix, plus élevé.
– Peut-être avez-vous besoin de lunettes... Je vous attends demain ;

d'ici là, je l'emballe pour la protéger contre les coups, pendant son transport. À demain donc.
– À demain, Madame. Merci *infiniment*. »

L'idée de savoir bientôt la *cage* de ses rêves dans son *studio* lui *réchauffe* le *cœur*. « Incroyable ! Quelle dame sympathique ! Tiens, je vais l'inviter chez Pauline pour la remercier », se dit-il. Arrivé chez lui, il se demande où poser la *cage*. Le mieux, c'est le petit *guéridon* à côté de la fenêtre. Là, elle va être bien *éclairée* et le chant du *rossignol* va peut-être encourager d'autres oiseaux, des vrais ceux-là, à chanter aussi. Il *dégage* tous les *bibelots* qui se trouvent dessus, prend un *chiffon* et *frotte* le bois pour le faire *briller*. Il est déjà 16 heures, le temps passe vite. Heureusement, le dimanche, le restaurant est fermé. Comme cela, il peut passer toute la soirée à réfléchir aux mystères du *meurtre* du ministre et du chant des *rossignols*.

ÜBUNG 10 !

Übung 10: Wie lautet das Gegenteil der folgenden Wörter?

1. fermé ____________________
2. vrai ____________________
3. heureusement ____________________
4. propre ____________________
5. à l'ombre ____________________
6. étroit ____________________
7. jeunesse ____________________
8. vite ____________________

Chapitre 4 : Sur la piste

Le téléphone sonne :
« Allô ? dit Théo.
– Bonjour, Marc à l'appareil. As-tu envie de venir boire un pot avec moi ? J'ai terminé mon travail pour aujourd'hui. Je sais que tu *crèves d'envie* de connaître les détails. De toute façon, ils vont paraître demain dans les journaux. Donc, je peux te les dire maintenant.
– Quelle bonne idée ! On se retrouve à la terrasse du restaurant du Palais Royal dans une heure, d'accord ?
– *Impeccable*, à tout à l'heure ! »

Le temps est assez doux pour qu'on puisse s'*asseoir* dehors, des pigeons se sont *réunis* entre les *colonnes*. Théo et Marc se parlent en *sirotant* un cocktail.
« Le résultat de l'autopsie est arrivé cet après-midi. On a empoisonné le ministre. Avec de l'acide cyanhydrique. Dis-moi, tu as beaucoup de clients qui prennent du *sirop d'orgeat* à la place du café ?
– Oh, tu sais, je ne me pose pas de questions sur le *goût* de mes clients ! Pourquoi ?
– Eh bien, vois-tu, le *sirop d'orgeat* a un *goût* d'amandes amères. L'acide cyanhydrique aussi. Elle a certainement trouvé un *moyen* de verser le poison dans son verre. Est-ce qu'il est allé aux toilettes ?
– Non, je ne crois pas. Mais attends ! À un moment, elle s'est *penchée* vers lui. J'ai cru qu'elle l'embrassait. A cause de ses longs cheveux noirs, il était impossible de voir les verres. Et monsieur Prévost ne voyait rien d'autre qu'elle. C'était un peu avant son départ. J'ai été très étonnée de la voir derrière moi juste après. Elle

a pris son manteau et est partie sans dire un mot, très pressée. Mais dis-moi, c'est plutôt le signe que ma théorie est bonne !
– Pourquoi ?
– Tu ne trouves pas que cela *ressemble* à un travail de professionnelle ?
– Oh, malheureusement, ce genre de poison n'est plus très bien protégé. Avec Internet, tout le monde peut tout trouver, quand il veut. Cela prouve surtout qu'on a affaire à quelqu'un qui sait se *débrouiller*, une personne capable de *commander* un produit interdit – sur Internet probablement – sans se faire *repérer*.
– Et le poison ? Comment le poison arrive-t-il dans le verre d'*orgeat* ? Tu as essayé ?
– Oh, ce n'est certainement pas si difficile. Avec un peu d'*entraînement*...
– C'est ce qu'on va voir. Garçon ! Pouvez-vous nous apporter deux cafés s'il vous plaît, avec beaucoup de sucre ? Merci.
– Qu'est-ce qui te prend ? Je n'ai pas demandé de café !
– Je t'invite ! C'est juste pour l'expérience... »
Le garçon sert les cafés et apporte une coupe *remplie* de *sachets* de sucre en poudre.
« Voilà exactement ce qu'il nous faut. La dame se *penche* donc vers monsieur Prévost, elle le regarde dans les yeux, sans doute pour l'hypnotiser, donc elle ne peut pas voir ce qu'elle fait.
– Exact.
– Pendant qu'elle embrasse le ministre, elle verse du poison dans son verre en le cachant derrière ses cheveux.
– Tout à fait.
– Question : comment sait-elle que ses cheveux *empêchent* bien de voir le verre et ce qu'elle fait ?
– Elle s'est *entraînée*.
– Demande à ta copine de le faire, je suis sûr que ce n'est pas si

facile que ça. En admettant. Elle doit bouger son bras, *déchirer* son *sachet* ou l'ouvrir de toute autre manière, *viser* le verre correctement sans laisser de *traces* autour du verre, mélanger le poison à l'orgeat : le tout en l'espace d'un baiser ! Tiens, essaie, tu verras ! Je mets le café devant moi. Prends un *sachet* de sucre et essaie de le verser dans mon café, sans regarder ce que tu fais !
– Bon, j'essaie. Mais je ne vais pas t'embrasser, je te *préviens* ! »
Les deux hommes rient. Pendant que Théo continue à rire, Marc prend un *sachet*, le *déchire* sous la table, approche sa tête de celle de Théo, fait glisser doucement sa main vers le café et verse le sucre dans la tasse. Du moins, c'est ce qu'il croit. Il s'*assied* correctement sur son siège, un *sourire* triomphateur aux lèvres.

« Tu vois, c'est facile !
– Ah bon, regarde ! La moitié du sucre est à côté. Et puis, lorsque tu as déplacé ta main, tu as fait bouger la table. Maintenant, il y a du café dans la *soucoupe*. En plus, tu n'as pas pu t'*empêcher* de regarder brièvement ce que tu faisais. Tu veux essayer une deuxième fois ?
– Non, merci ! Un point pour toi ! Mais cela ne veut pas forcément dire que c'est une espionne... Ou une professionnelle, comme tu dis. C'est peut-être tout simplement une femme *jalouse* bien *entraînée*.
– *Jalouse*, elle ? Tu crois vraiment qu'elle a besoin d'être *jalouse* ? À mon avis, c'est le ministre qui doit l'être. Cette femme était tellement sûre d'elle, elle ne pouvait jamais être *jalouse*.
– C'est vrai, tu as raison. Du moins, sur ce point. Je vais demain au bureau du ministre. C'est promis, je vais aussi *enquêter* dans ce sens. Si je trouve quelque chose, je te le dis. Entendu ?
– C'est entendu ! Merci.
– Merci à toi ! Tu m'a sûrement aidé. Au revoir ! »

Übung 11: Welche Bedeutung haben die folgenden Sätze? Kreuzen Sie an!

1. « Viens prendre un pot chez moi ! »
   a) ☐ « Viens dîner à la maison ! »
   b) ☐ « Viens boire un verre à la maison ! »

2. Elle se débrouille dans toutes les situations.
   a) ☐ Elle trouve une solution dans toutes les situations.
   b) ☐ Elle fait des bêtises dans toutes les situations.

3. Elle s'est embrouillée dans ses explications.
   a) ☐ Ses explications n'étaient pas très claires.
   b) ☐ Elle a menti quand elle s'est expliquée.

4. « Qu'est-ce qui te prend ? »
   a) ☐ « Pourquoi fais-tu quelque chose d'aussi étrange ? »
   b) ☐ « De quoi as-tu envie ? »

5. Elle est coquette.
   a) ☐ Elle fait attention à son apparence.
   b) ☐ Elle est intelligente et prudente.

6. « Tu ne peux pas t'empêcher de mentir. »
   a) ☐ « Tu es incapable de mentir. »
   b) ☐ « Tu mens toujours. »

De retour chez lui, Théo ne cesse de penser au poison employé. De l'acide cyanhydrique. Pourquoi justement ce poison-là ? L'arsenic, par exemple, est certainement plus pratique. Il n'a *aucun goût* et son pouvoir est tout aussi grand. Pourquoi faire compliqué quand on peut faire simple ? Il ne peut s'*empêcher* de penser au problème et c'est la tête *remplie* de questions qu'il s'endort.

Toute la nuit, il fait des rêves bizarres : un oiseau conduit une Volkswagen sur un fleuve de pétrole. Arrive le ministre, accompagné de Marc, l'inspecteur. Ils arrêtent la voiture, *plaquent* dessus un *énorme autocollant* sur lequel un chiffre est inscrit en noir : 5. L'oiseau se transforme en *perroquet*, mais il chante faux. Il a de grands yeux noirs avec de très longs *cils*. Il *attire* le ministre sous une douche de cheveux, lui fait boire un verre et le ministre tombe mort, *foudroyé*.

Théo se *réveille en sursaut*, il *transpire*. Son *cœur bat la chamade*. Il ouvre son *bloc-notes* et inscrit dans la *colonne* de gauche : « empoisonné à l'acide cyanhydrique », puis « projet de loi : la voiture à cinq litres » et encore « pétrole ? ». Ensuite, il note dans la *colonne* de droite : « l'oiseau chante faux. Il a de très longs *cils*. Il conduit une Volkswagen ». Théo s'endort à nouveau, d'un *sommeil* plus *profond* et *réparateur*.

Pendant son petit-déjeuner, Théo *écoute* la radio. Il est question sur toutes les *ondes* du ministre assassiné. La population est invitée à aider la police, à donner des *indices* et à indiquer le *lieu* de séjour de la femme recherchée. Les journalistes conseillent d'allumer la télévision et de bien regarder la photo dans les journaux. Suivent les condoléances des personnalités politiques et des journalistes, les rétrospectives sur sa vie et son travail. Théo allume sa télé. Les informations sont en cours. Il voit son ami Marc arriver au bureau du ministre. La porte s'ouvre. La secrétaire l'*accueille* et fait un pas de côté. C'est une femme genre « *souris grise* », d'un âge *indéfinissable*, aux traits réguliers, les cheveux blonds courts et de

grandes lunettes carrées sur le nez. Un nez très disgracieux, d'ailleurs. Son costume gris clair est strict et effacé, il souligne son caractère *timide* et discret. Son expression est neutre, ni tristesse, ni joie, ni rien du tout, elle semble ne rien ressentir. « La secrétaire parfaite ! » se dit Théo. Elle s'*asseoit* à son bureau. Marc se tourne vers les journalistes :
« Vous comprendrez qu'il s'agit ici d'une *enquête*... Veuillez attendre dehors, s'il vous plaît. Il est impossible de continuer mon *enquête* si tous les journalistes restent dans la pièce. Venez plutôt à ma conférence de presse ce soir, au commissariat à 19h30. Là, on va vous donner tous les détails qu'il vous faut connaître. »
Les journalistes ne semblent pas être contents avec cet arrangement. Ils se mettent à crier :
« Mais où en êtes-vous avec votre *enquête* ?
– Qui est cette femme ? D'où vient-elle ? »

Finalement, un grand policier vient à l'aide de Marc et force les journalistes à se *retirer* avec leurs micros et leurs caméras. Mais puisqu'ils n'arrêtent pas de filmer, on voit encore Marc s'*asseoir* en face de la secrétaire. Elle se *penche* d'un mouvement rapide pour prendre son agenda juste devant lui.
Théo *fronce les sourcils*, pendant un instant, il a une impression de déjà-vu. Qu'est-ce que ça peut bien être ? Il décide de lire le journal du matin dans le café du Palais Royal et de passer chercher la *cage* en revenant.

Assis à une table près de la vitrine, avec vue sur la cour du Palais Royal, Théo verse du thé dans sa tasse et y mélange avec délice une petite cuillère de *miel*. Il le *goûte* et le trouve *impeccable*, comme toujours. Il pose le journal devant lui. Sur la première page, une photo du ministre en fonction, avant sa mort. On le voit derrière son bureau, sa secrétaire à l'arrière-plan, un dossier dans les mains. Le ministre *sourit*, sûr de lui face à la caméra.

Übung 12: Sind diese Substantive weiblich oder männlich? Ordnen Sie sie mit bestimmtem Artikel der jeweiligen Spalte zu!
(cauchemar, piste, enquête, rêve, crime, meurtre, conférence, cuillère)

männlich	weiblich
______________________	______________________
______________________	______________________
______________________	______________________
______________________	______________________
______________________	______________________

Le portable de Théo sonne.
« Bonjour, Théo. Bien dormi ?
– Bonjour, Marc. Ça va. Et toi ? Tu *avances* ?
– Difficilement. *Aucune trace* de cette femme. J'essaie de *fouiller* dans le passé du ministre, pour l'instant juste une toute petite *piste*, mais, je ne sais pas, cela me paraît trop irréel.
– Quelle *piste* ?
– Si c'est ce que je crois, je ne peux pas te le dire au téléphone. On se retrouve à midi chez toi, O.K. ?
– D'accord ! À tout de suite ! Ah oui, encore une chose ! Tu peux me donner une copie du portrait-robot ? Juste en guise de souvenir.
– Ça marche. Je t'en apporte une. S'il n'y a que ça pour te faire plaisir ! *Aucun* problème ! »

Chapitre 5 : Dénouement

Théo se dépêche de terminer son thé, de payer et de sortir. Puisque son ami vient chez lui, il peut au moins lui préparer un petit *casse-croûte* ! Il passe par le magasin de boîtes à musique et en ressort avec un gros paquet et un énorme *sourire*, comme un enfant qui vient de *découvrir* un trésor. Arrivé chez lui, il décide d'ouvrir le paquet plus tard et de préparer deux croque-monsieur et une petite salade en attendant Marc.

Lorsque celui-ci arrive, la table est mise, un saladier au contenu multicolore et frais est posé au centre, sur chaque assiette, un croque-monsieur.
« Mmmmh ! Ça a l'*air* bon ! Merci d'y avoir pensé, je n'arrive plus à manger avec toute cette affaire... »
Théo et Marc mangent tout d'abord en silence. Puis Théo prend le portrait-robot que son ami lui a apporté et l'examine en attendant que Marc termine son assiette.

ÜBUNG 13 !

Übung 13: Finden Sie im folgenden Textabschnitt Synonyme für die folgenden Wörter!

1. assassinat ____________________
2. préparé ____________________
3. épouse ____________________
4. lieu ____________________
5. interrogation ____________________
6. exact ____________________

7. captivant, intéressant ____________________

8. firme ____________________

« Alors, de quelle *piste* s'agit-il ?
– Tout semble montrer que ce *meurtre* est planifié depuis longtemps. Tu te souviens de la femme du ministre ?
– Oui ! Elle est morte il y a deux semaines dans un accident de voiture et a été enterrée la semaine dernière.
– Et bien, on avait inspecté le moteur, au cas où, mais sans regarder de plus près les blessures. Elle était morte sur le coup, sans autre blessure *anormale*. On a retrouvé, au domicile du ministre, dans le tiroir de son bureau, tous les articles parus sur la mort de sa femme, toutes les photos de l'accident, de l'endroit, des voitures, le nom des personnes, les *témoignages*... D'accord, qu'un homme *désespéré colle* sur son journal un article sur la mort de sa femme, j'admets. Mais TOUS les articles ! Même ceux qui n'ont qu'un rapport très *lointain* ! Là, c'est *louche*. Il devait se poser des questions sur la nature même de l'accident. J'ai demandé de refaire une autopsie plus précise du corps de sa femme. Il en est ressorti qu'elle avait été endormie. C'est aussi un *meurtre*.
– Passionnant ! Un complot ? Un *chantage* ?
– Je ne sais pas. Pas encore. Dans un autre tiroir, il avait rassemblé tout un dossier sur sa nouvelle idée. Tu sais, celle des voitures à cinq litres ! D'après les documents que nous avons retrouvés, il voulait en faire une loi européenne : seules des voitures à cinq litres seraient autorisées à rouler sur les routes européennes et sans *dépasser* 120 km/h sur les autoroutes et *voies express*.
– À mon avis, cela a dû faire l'effet d'une bombe dans l'industrie automobile ou chez les entreprises pétrolières. Est-ce que tu as enquêté dans ce sens ?

– Je commence aussi à *pencher* pour cette *piste*. Mais franchement, c'est plutôt bête, non ? Ce n'est pas en tuant une personnalité politique qu'on peut *empêcher* une loi ! Ou bien va-t-on assister ces prochains jours à une série de *meurtres* dans le camp des écologistes ? *C'est à s'arracher les cheveux* ! Pour ce genre de manipulations, il y a des groupes de pression, des lobbys, non ? Dis, tu m'*écoutes* ? Qu'est-ce que tu *gribouilles* ?

– Oui, je t'*écoute* ! Je dessine sans réfléchir, une vieille manie...

– Montre ton dessin ! C'est le portrait-robot ! Regarde ce que tu viens de faire ! »

Théo et Marc regardent le portrait-robot transformé par les coups de crayon de Théo.

« C'est la secrétaire du ministre ! »

Sans réfléchir, Théo a agrandi le nez de la femme et dessiné une coupe de cheveux courte.

« C'était donc ça le *perroquet* qui chante faux ! Ce n'est pas la femme d'hier soir qui cache son visage, c'est la secrétaire qui se met un faux nez, de faux *cils* et une perruque !

– Je *fonce* ! Merci pour tout, je t'appelle ! »

ÜBUNG 14 !

Übung 14: Lesen Sie weiter und übersetzen Sie die Wörter in Klammern!

Marc enfile son (1. Mantel) ____________________ et descend les *escaliers* quatre à quatre. Théo le voit sortir de l'immeuble, son (2. Handy) ____________________ à l'oreille. Il se dirige vers le métro.

Le (3. Abend) ____________________ même, Marc le rappelle.

« Bonsoir ! Tu avais (4. Recht) ________________! Tu es génial ! Cette fois-ci, c'est moi qui t'invite. Je viens te chercher, je t'invite à dîner et vais te (5. erzählen) ________________________ tous les (6. Einzelheiten) ______________________. Avant de les donner à la presse. Je te dois bien ça ! »

Assis à la table du restaurant, Théo ne veut plus (7. warten) ______________________.

« Alors ? Raconte !

– Eh bien voilà : la secrétaire est en fait une *remplaçante*. La vraie secrétaire du ministre est malade depuis deux semaines. À mon avis, cette maladie aussi fait partie du plan méchant de Tatiana Gouardo.
– Tatiana Gouardo ? Est-elle de la famille de Manuel Gouardo, le célèbre industriel qui s'est suicidé l'année dernière ?
– Oui, justement ! C'est sa fille. Elle a tout avoué. Ça n'a pas été difficile, elle est folle de rage. Elle est *persuadée* que la *gent* politique a tué son père. D'après elle, le parti au pouvoir a aidé la concurrence, ce qui a ruiné l'entreprise de son père. Elle dit que c'est la raison pour laquelle il s'est suicidé. Tu te souviens ? Son entreprise a été reprise par un concurrent américain. À des conditions très désavantageuses pour lui.
Quand elle a entendu parler de ce projet de nouvelle loi, elle a décidé d'éliminer le ministre, *persuadée* que c'était lui qui tirait les ficelles et que son père était mort à cause de lui. Elle a d'abord essayé de lui faire du *chantage* en menaçant de tuer sa femme s'il ne *retirait* pas son projet. Tout cela de manière anonyme, bien sûr.

Comme il ne s'est pas laissé faire, elle s'est *débrouillée* pour faire sa connaissance et celle de sa femme, avec son vrai visage. L'année dernière, au moment de la mort de son père, elle était en voyage en Inde. L'affaire n'avait pas rencontré beaucoup d'écho. Lorsqu'elle est rentrée, plus personne ne s'y intéressait. Elle a vite gagné la *confiance* du ministre et de sa femme, ce qui lui a facilité la tâche. Sous prétexte d'aider madame Prévost, elle était toujours chez elle. Elle n'est pas venue à son enterrement pour ne pas apparaître dans la presse.

Ensuite, lorsque la secrétaire est tombée malade, Tatiana Gouardo s'est présentée comme *intérimaire* à monsieur Prévost, sous un autre visage. Lui, il *n'y a vu que du feu*. La suite, tu la connais.

ÜBUNG 15 !

Übung 15: Wie lautet das passende Substantiv?

1. décider ____________________
2. connaître ____________________
3. rencontrer ____________________
4. deviner ____________________
5. se suicider ____________________
6. se souvenir ____________________
7. menacer ____________________
8. avouer ____________________

– En quelque sorte, elle est folle.

– Oui, une sorte de maladie de la persécution due à la mort de son père. Ce n'est certainement pas normal.

– *Dommage* ! Ou plutôt, quelle horreur !
– Mais dis-moi, comment as-tu *deviné* que la secrétaire et la femme du restaurant étaient la même personne ?
– Oh, c'était plutôt instinctif. Je crois que c'est le geste qu'elle a fait pour prendre son agenda. Tu sais, lorsque les caméras t'ont suivi dans le bureau. C'était exactement le même geste que quand elle s'est *penchée* pour embrasser Prévost. J'ai eu à ce moment une impression de déjà-vu.
– Eh bien, buvons à ton *sens de l'observation* ! »

LE CAMBRIOLAGE

Rosemary Luksch

Chapitre 1 : Un visiteur inattendu

Monsieur Bontemps est énervé. Il est trois heures du matin et le chien, Bouton, pleure devant la porte de la chambre pour sortir. Son maître lui lance un regard mauvais. Il met sa *robe de chambre* et descend l'*escalier* pour le faire sortir dans le jardin.
Il ne fait vraiment pas chaud. On est début mars, mais le printemps ne se montre pas encore. Monsieur Bontemps appelle Bouton qui ne revient pas.
Brusquement, il *remarque* une lumière dans la maison d'en face. Il sait que son voisin Maurice Duval n'est pas là. Il habite chez son fils pendant que sa maison est en *rénovation*. La lumière apparaît à nouveau un court instant, puis plus rien.
« Là, encore ! On dirait une lampe de poche. Ça, ce n'est vraiment pas normal ! Je vais appeler la police. »
Le chien est enfin revenu. Monsieur Bontemps le fait rentrer rapidement, ferme la porte et va prendre le téléphone. Il fait le 17, le numéro de la police. Puis avec le téléphone, il s'approche de la fenêtre du salon et regarde si la lumière est encore bien là.
« Allô, police ? Je crois que quelqu'un est entré dans la maison de mon voisin... Je vois de la lumière chez lui et, normalement, il n'y a personne. »
Une voix féminine lui demande :
« Est-ce que vous êtes sûr que vos voisins ne sont pas rentrés plus tôt que vous le pensiez ? Ils ont peut-être changé d'idée.
– Oui, j'en suis sûr. Mon voisin, Maurice Duval, est un vieil homme qui vit seul. En ce moment, il passe la nuit chez son fils

pendant que les ouvriers finissent de restaurer sa maison.
– C'est à quelle adresse ?
– C'est rue des Alouettes, au numéro 6... Moi, j'habite en face au numéro 9, monsieur Bontemps.
– Je *préviens* mes collègues. Ils passeront dans votre quartier. Ne vous inquiétez pas, ils vont s'en occuper.
– C'est bien, merci. Au revoir, Madame.
– Au revoir. »
Monsieur Bontemps ne peut plus dormir maintenant. Il *surveille* toujours la *propriété* de son voisin et vieil ami Maurice.
Brusquement, une *ombre* passe dans le jardin d'en face. C'est un homme qui porte une charge sur son dos. Il prend quelque chose qui est posé contre la grille de l'entrée. Une bicyclette ! Bontemps en est sûr maintenant, il s'agit bien d'un *cambrioleur*. Il sort en courant et crie : « Halte ! Au voleur ! »
Son chien, furieux, le suit.
L'homme lâche un *juron*, *saute* sur son vélo et se *sauve* à toute vitesse. Des lumières se sont allumées dans le quartier à cause du bruit. Le chien est toujours aussi furieux.
« Chut. *Calme*-toi, Bouton ! »
C'est à ce moment-là que la voiture de police arrive. Deux policiers en descendent et le saluent.
« Bonjour Monsieur. C'est vous qui avez appelé ? Que se passe-t-il ? »
Monsieur Bontemps *calme* Bouton, qui est encore très énervé, puis il crie aux policiers :
« Un individu est parti à vélo dans cette direction... » Monsieur Bontemps montre la direction de la main. « Je crois que c'est un *cambrioleur*. Essayez de le rattraper, vite !
– Du calme, Monsieur. S'il est parti à vélo, nous n'avons *aucune* chance de le rattraper en ville. Il est déjà *loin*, à l'heure qu'il est !

Et en venant, nous n'avons pas vu de cycliste. Racontez-nous ce que vous avez vu.
– D'abord j'ai vu de la lumière chez mon voisin qui n'est pas là, comme une lampe de poche. Puis l'homme qui s'est *sauvé* à bicyclette. »
Les policiers vont sur place. Ils *éclairent* la façade de la maison mais ne *remarquent* rien d'*anormal*. La porte d'entrée est fermée, rien de suspect.

ÜBUNG 1

Übung 1: Finden Sie in diesem Gitternetz neun Adjektive, die bisher im Text vorgekommen sind!

S	F	E	M	I	N	I	N	E
U	A	F	A	J	L	N	O	T
S	B	G	U	C	O	U	R	T
P	C	H	V	K	M	O	M	U
E	C	H	A	U	D	P	A	V
C	D	V	I	E	I	L	L	W
T	E	I	S	U	R	R	S	X
X	O	E	N	E	R	V	E	P

« Bon. Et bien, nous allons contacter les *propriétaires*. Ils nous diront si quelque chose ne va pas. Nous verrons bien ! »
Et monsieur Bontemps leur indique l'adresse du fils, Alain Duval, qui habite à Paray. Il précise :
« Vous savez ? C'est en Saône-et-Loire.
– Oui, je sais, dit le policier qui prend des notes. Et bien, au revoir Monsieur. »
Les deux policiers remontent en voiture et téléphonent à leurs collègues.

Quelques heures plus tard, Alain Duval et l'inspecteur Dumoulin se retrouvent sur le trottoir devant la maison.
« Bonjour, Inspecteur, dit Alain Duval. Vous voudrez bien excuser mon père, mais il ne pouvait pas venir lui-même. Il attend l'infirmière pour son injection *quotidienne*. Il a des problèmes de dos. Il m'envoie à sa place. »
Alain ouvre la porte d'entrée à l'inspecteur. Il lui dit :
« Faites attention où vous mettez les pieds, on fait des travaux. »
En effet, des *pots de peinture* et une table à *tapisserie* se trouvent dans le *couloir*.

« Monsieur Duval, pouvez-vous me dire s'il manque quelque chose dans la maison ? »
Alain Duval regarde autour de lui. Il secoue la tête.
« Non. Pour le moment, je ne vois pas. »
Ils font le tour du *rez-de-chaussée* et ne *remarquent* rien d'*anormal*. Ils passent dans le salon, dans la salle à manger puis dans la cuisine. Il y a des travaux partout. Le sol et les meubles sont protégés par du plastique.
« Il n'y a pas *grand-chose* d'intéressant à prendre chez mon père : *aucun* ordinateur, *aucun* tableau, rien. Il a seulement une vieille télévision.
– Vous savez, les voleurs ne recherchent pas toujours les choses qui ont beaucoup de *valeur*. Ils préfèrent les choses simples qu'ils peuvent *revendre* facilement. »
Brusquement, Alain Duval s'écrie :
« Ah, mais attendez ! Il y a aussi l'armoire de la chambre à coucher. Mon père y garde toujours un peu d'argent et quelques *bijoux* de famille.
– Et où se trouve la chambre ?
– À l'étage. Suivez-moi, s'il vous plaît. Je vais vous montrer le chemin. »
Les deux hommes montent l'*escalier* et entrent dans la chambre. Quel désordre ! Tout est *sens dessus dessous*.
La commode, l'armoire, tout est grand ouvert. Les vêtements du vieil homme sont sur le sol, les pulls et les cravates, les slips et les chaussettes. Alain Duval ramasse une grande boîte en fer que le voleur a jetée sur le sol. Elle est ouverte. Alain dit tristement :
« C'est là que mon père rangeait « ses trésors », l'argent, les *bijoux*. Maintenant la boîte est complètement vide. Il va être malheureux. C'étaient des souvenirs très importants pour lui. »
Dumoulin déclare :

« Il les avait cachés dans son armoire. C'est là que les voleurs cherchent en premier, c'est connu !
– Oui, je sais. Je lui avais dit que c'était dangereux de ranger ses *bijoux* là. Mais vous savez, les vieilles personnes, elles ont leurs habitudes. Et puis il a dit que l'armoire était fermée et qu'il avait toujours la clé sur lui. Il pensait qu'il ne risquait rien. »
L' inspecteur s'approche de l'armoire pour l'examiner de plus près :
« Ce n'était pas très *prudent* de laisser ces *bijoux* ici avec des ouvriers dans la maison. Le voleur a *forcé* la *serrure*. Avec un peu de chance, le *cambrioleur* ne portait pas de *gants*. Je ferai *relever* les *empreintes*. »
Alain Duval se dit que son père a vraiment eu de la chance de ne pas rencontrer le voleur.
« Mon père ne voulait pas quitter sa maison et moi, je ne voulais pas qu'il passe la nuit ici tout seul pendant les travaux. Il venait pendant la journée pour *surveiller* les ouvriers, mais la nuit, il dormait chez nous. Quelle chance !
– Ah, ça oui ! On ne sait jamais comment réagit un *cambrioleur* pris *en flagrant délit*.
– Je ne veux même pas y penser !
– Je demanderai à votre père de me faire la liste des objets volés. Ils avaient de la *valeur* ?
– Plutôt une *valeur* sentimentale. »
Les deux hommes redescendent l'*escalier*. L'inspecteur demande :
« Le voleur n'a pas *forcé* la *serrure* de la porte d'entrée. Alors je pense qu'il y a deux possibilités. La première : il avait la clé. La seconde : il est entré par une autre porte. Est-ce qu'il y a un deuxième accès à la maison ?
– Oui, il y a une autre porte dans la *cave*. Je vais vous la montrer. Si vous permettez... »

Übung 2: Lesen Sie weiter und unterstreichen Sie im Text die französische Übersetzung der Wörter in Klammern!
(1. zeigt 2. Keller 3. Tür 4. Garten 5. jemand 6. kümmert sich 7. allein 8. Beruf 9. nichts)

Alain Duval passe devant et montre à l'inspecteur le chemin de la *cave*. Là, une grosse porte en fer permet d'accéder au jardin.
« Quelqu'un a démonté la *serrure* », *remarque* l'inspecteur.
En effet, le *cambrioleur* a seulement *repoussé* la porte, elle ne ferme plus correctement. Les deux hommes sortent dans le jardin.
« Qui s'occupe du jardin ? Votre père ?
– Pas tout seul. Il est trop vieux pour les gros travaux. Et puis moi, je n'ai pas le temps avec mon métier. Depuis peu de temps, il emploie un *jardinier*. »
Ils retournent dans la *cave*. L'inspecteur regarde autour de lui, mais il ne *découvre* rien de nouveau.

« Et les travaux dans la maison, qui les fait ?
– Un *entrepreneur* de la région, l'entreprise Berchau sur la route de Paray. Ils ont déjà travaillé pour nous. C'est une entreprise sérieuse. »
L'inspecteur se dit que des ouvriers et un *jardinier*, ça fait beaucoup de suspects possibles.
« J'aimerais parler avec votre père. Je désire en savoir plus sur la liste des objets volés, sur le *jardinier* et sur les ouvriers qu'il emploie.
– Bien sûr, Inspecteur. Il attend sûrement des nouvelles. Sa maison et ses affaires, c'est très important pour lui. »
Quand les deux hommes arrivent chez les Duval, tout le reste de la famille est *réunie* autour de la table de la cuisine : le grand-père, la mère et la fille Janine. Il est samedi, personne ne travaille, ils ont le

temps de prendre leur petit-déjeuner *tranquillement*. Ils parlent du *cambriolage*. Madame Duval propose aux nouveaux venus :
« Vous boirez bien un petit café pour vous *réchauffer* ? »
Elle s'adresse à l'inspecteur :
« Vous prenez du lait ?
– Non, non merci. Je le bois noir et sucré. »
Très sucré ! Dumoulin met trois morceaux de sucre dans sa tasse. Il se tourne vers le grand-père.
« Monsieur Duval, pourriez-vous me dire quels objets se trouvaient dans la boîte en fer que vous cachiez dans votre armoire ?
– Le *cambrioleur* a donc trouvé ma boîte. Oh, il n'y avait pas *grand-chose* dedans. J'y avais rangé la *bague* de ma femme *défunte*, une *montre* en *or* venant de mon père, des souvenirs et un peu d'argent.
– Vous m'en ferez la liste exacte, avec une description aussi précise que possible. Pouvez-vous me parler de votre *jardinier* ?
– Patrick Garibard. Vous savez, je ne le connais pas beaucoup. Je cherchais quelqu'un pour les gros travaux dans le jardin. J'ai mis une annonce dans le journal et il m'a appelé, il y a environ deux semaines. Il est déjà venu une fois cette semaine. Il travaille sérieusement et semble connaître son métier.
– Est-ce que vous pouvez me le *décrire* ?
– Oui, bien sûr. Il est grand, environ quarante ans, cheveux bruns. Pourquoi ? Vous le *soupçonnez* ?
– Je suspecte toutes les personnes qui avaient la possibilité de rentrer dans votre maison. Est-ce que vous connaissez son adresse ?
– Non. C'est vrai. Je n'ai même pas son numéro de téléphone ! Il a répondu à mon annonce, il est venu commencer le travail. C'était mercredi. Il doit revenir pour le terminer. Il me téléphonera pour me dire quand. Je connais seulement son nom et je suis sûr qu'il n'est pas de la région.

– Qu'est-ce qui vous fait dire ça ?
– Il ne parle pas comme nous, il ne roule pas les R comme les Bourguignons. Il a l'accent du sud. »

ÜBUNG 3 !

Übung 3: Welches Wort ist das „schwarze Schaf"? Unterstreichen Sie das nicht in die Reihe passende Wort!

1. armoire, boîte, lit, table, chaise
2. Bourguignon, Français, Allemand, Portugais
3. répondre, commencer, connaître, métier, montrer
4. taille, cheveux, adresse, âge, yeux
5. bague, montre en or, cravate, bijoux
6. dedans, demain, dehors, au-dessus, en dessous
7. vrai, faux, sérieux, sûr, comme, possible

Dumoulin demande encore à monsieur Duval :
« Les ouvriers qui travaillent sur place, vous les connaissiez déjà avant ?
– L'entreprise Berchau, je la connais depuis longtemps. Mais ces ouvriers-là, je ne les connaissais pas. Ils sont deux : un jeune et un autre, plus âgé. Au début, le jeune n'était pas là. Il a pris la place d'un collègue qui a eu un petit accident de travail.
– Dans la *cave*, la porte qui donne sur le jardin, elle reste toujours ouverte ? »
Maurice Duval regarde l'inspecteur d'un *air surpris*.
« La porte de la *cave* ? Ah non, c'est même une porte de sécurité. Elle n'ouvre pas de l'*extérieur*.
– Donc vous ne savez pas que la *serrure* est *défectueuse* ?
– *Défectueuse* ?! Non, je ne le savais pas. La dernière fois, je suis descendu à la *cave* pour y prendre une bouteille de vin de Bour-

gogne. J'en ai offert un bon verre à mon voisin. À ce moment-là, la *serrure* n'était pas *défectueuse*.
– Est-ce que les ouvriers et le *jardinier* doivent descendre à la *cave* pour leur travail ?
– Non. Le *jardinier* a tout son matériel dans la *remise* du jardin et les ouvriers travaillent seulement au *rez-de-chaussée*. Personne n'a besoin d'aller à la *cave*. »
L'inspecteur prend le temps de boire une deuxième tasse de café et s'entretient encore un peu avec cette famille très sympathique.

Übung 4: Unterstreichen Sie die richtige Variante!

Arrivé à sa (1.) voiture/auto, il appelle son collègue de (2.) table/bureau, son assistant Roland Delpierre.
« Allô, Roland !
– Ah, bonjour *Patron*, c'est vous. Vous n'êtes pas encore (3.) parti/passé au bureau ?
– Non, les collègues qui faisaient leur ronde ont signalé un (4.) *cambriolage*/accident. Alors j'y suis (5.) allé/demandé directement. Une petite affaire de *bijoux* (6.) *perdus*/volés, pas très importante, mais la *victime* est un vieil homme très sympathique et j'aimerais l'aider à (7.) retrouver/vendre son bien.

– *Votre bon cœur vous perdra*, *Patron* !
– Je te donne un nom : Patrick Garibard. Essaie de trouver quelque chose sur lui. *Vérifie* son identité et rappelle-moi sur mon portable. J'aimerais bien savoir s'il a un alibi pour la nuit dernière.
– Il a un métier ?
– Il est *jardinier*. Et puis envoie aussi quelqu'un pour *relever* les *empreintes* au 6, rue des Alouettes. Le *cambrioleur* a *forcé* les

serrures de l'armoire de la chambre et de la porte de la *cave*.
– C'est d'accord, je m'occupe de ça et je vous rappelle. »
Puis Dumoulin retourne sur le *lieu* du *cambriolage*. Il veut *interroger* monsieur Bontemps personnellement.

Chapitre 2 : L'inspecteur mène son enquête

Monsieur Bontemps est un petit homme sympathique d'environ 50 ans. On voit qu'il possède un excellent appétit et son nez rond est rougi par une *consommation* trop régulière de bon vin de Bourgogne. Il est heureux d'avoir la visite de l'inspecteur. Il le fait entrer dans son salon de vieux *célibataire*. Il lui indique un *fauteuil*.
« Prenez place, Inspecteur.
– Merci. J'aimerais vous poser quelques questions à propos de ce matin. »
Monsieur Bontemps s'installe sur le sofa, en face de lui.
« Oui, bien sûr. Je vous *écoute*.
– Racontez-moi ce que vous avez vu : tous les détails ont leur importance. »
Monsieur Bontemps lui répète fidèlement ce qu'il a déjà dit le matin aux deux policiers. Il est même encore plus précis parce que les détails sont importants, a dit l'inspecteur.
« Vous savez, Maurice Duval n'est pas seulement mon voisin, c'est aussi mon ami.
– Oui je sais, les petits verres de vin de Bourgogne...
– Ah, il vous a raconté ! »
Monsieur Bontemps montre la fenêtre du salon à l'inspecteur.
« Vous voyez. De là, j'ai vu l'homme se *sauver* à vélo. »
L'inspecteur s'approche. En effet, il a une vue *formidable* sur la maison d'en face.

« J'ai couru dans le jardin et j'ai crié au voleur. Le criminel n'était pas content de me voir là. Il a même *juré* !
– Ah ! Vous avez entendu ce qu'il a dit ?
– Malheureusement non. Il était trop *loin* pour bien entendre ce qu'il disait exactement. Mais il n'était pas content ! »
« *Dommage* ! Je ne saurai pas s'il avait l'accent du sud... » se dit l'inspecteur.
« Vous pouvez me le *décrire* ? »
Bontemps réfléchit.
« Je n'ai pas pu voir son visage. Il était habillé tout en noir. J'ai très bien vu qu'il était grand, plus grand que moi et plus sportif aussi. Et le vélo...
– Oui ?
– Et bien, le vélo, il paraissait plutôt vieux. Et puis le voleur portait aussi un *sac à dos*, je crois, ou quelque chose comme ça.
– Vous êtes sûr qu'il était seul ? Il n'avait pas de *complice* ?
– S'il en avait un, il était déjà parti avant que je regarde par la fenêtre. Moi, je ne l'ai pas vu. »

Übung 5: Wie lautet das Gegenteil?

1. hier ______________________
2. peu ______________________
3. pas assez ______________________
4. ce matin ______________________
5. la semaine dernière ______________________
6. avec du sucre ______________________

L'inspecteur est satisfait. Toutes ces informations peuvent devenir utiles. Avant de le quitter, il remercie monsieur Bontemps.

Dumoulin désire maintenant en savoir plus sur les deux ouvriers qui travaillent chez monsieur Duval. C'est pourquoi il a pris la route nationale en direction de Paray. Un grand *panneau* – ENTREPRISE BERCHAU – CONSTRUCTION – lui indique qu'il est arrivé.

Dumoulin quitte la route nationale, prend l'allée qui monte vers l'entreprise puis s'arrête dans la cour. Sur la droite, il y a la maison, qui est moderne. Il va directement vers le bureau, la partie la plus *ancienne* des *bâtiments*. Il frappe deux petit coups à la porte et entre sans attendre de réponse. Il sait que monsieur Berchau l'attend car il a annoncé sa visite par téléphone.

Assis derrière son bureau, celui-ci est en train de *remplir* un *formulaire*. Il lève les yeux et regarde l'inspecteur par-dessus ses lunettes.

« Oui ?

– Monsieur Berchau, je me présente. Inspecteur Dumoulin.

– Ah, Inspecteur. Je vous attendais. »

Il pose son stylo, se lève et tend la main au nouveau venu.

« Qu'est-ce que je peux faire pour vous, Inspecteur ? Prenez place, je vous prie. »

L'inspecteur s'*assied* sur la chaise que l'*entrepreneur* désigne.

« J'*enquête* sur un vol dans la maison de monsieur Maurice Duval. Un vol de *bijoux* plus exactement. Monsieur Duval est un de vos clients, n'est-ce pas ? »

Berchau s'installe à nouveau dans son *fauteuil* derrière son bureau.

« Monsieur Duval est bien un de mes clients, mais... On a *cambriolé* sa maison ?

– Oui, cette nuit. »

Berchau joue avec son stylo qu'il fait tourner entre ses *doigts*.

« Je ne comprends pas comment je peux vous aider dans cette affaire. Mais vous prendrez bien un café ou quelque chose ?
– Non merci, pas de café. Mais un verre d'eau, si vous voulez bien. »
Monsieur Berchau appelle sa secrétaire :
« Michelle, pouvez-vous m'apporter un café et un verre d'eau pour mon visiteur. Merci. Ah oui ! Et amenez-moi aussi le dossier Duval, s'il vous plaît. »
L'inspecteur demande :
« Vous avez deux hommes qui travaillent dans la maison de monsieur Duval. Comment sont-ils ? Est-ce qu'on peut leur faire *confiance* ?
– Je *réponds entièrement de* mes employés. Est-ce que mon client a dit qu'il n'était pas satisfait ?
– Non, non, au contraire, il a une très bonne opinion de votre entreprise.
– Ah, j'aime mieux ça ! »
À ce moment-là, la secrétaire frappe un petit coup à la porte, entre et pose le plateau sur le bureau. Elle tient le dossier Duval sous son bras.
« Merci, Michelle.
– Vous avez encore besoin de moi ?
– Non merci. Vous pouvez nous laisser. »
Elle sort avec un petit salut de la tête pour l'inspecteur, qui lui *sourit*.
Dumoulin reprend :
« Pourriez-vous me dire qui travaille sur le *chantier* en ce moment ? »
L'*entrepreneur* a ouvert le dossier et lit :
« Oui, bien sûr, ce ne sont pas de gros travaux. Attendez ! Voilà. Pierre Letaillis, *maçon* et un jeune *apprenti*, Marcel Pourcel.

– Est-ce que je pourrais leur parler ?
– Pourquoi pas. Ils vont arriver. Ils reviennent à midi. Je les ai envoyés sur un autre *chantier* ce matin. Il ne faut pas *perdre* de temps, n'est-ce pas ! Le temps, c'est de l'argent, comme on dit. »
L'inspecteur sait que les *entrepreneurs* commencent toujours plusieurs *chantiers* en même temps.
Un bruit de moteur se fait entendre dans la cour :
« *Quand on parle du loup...* les voilà qui arrivent ! »
« Il est déjà midi et moi, à part le café chez les Duval, je n'ai même pas encore pris de petit-déjeuner ! » pense l'inspecteur. Il regarde également dans la cour. Une Citroën CX blanche s'est arrêtée devant le bureau. Sur le véhicule est inscrit :
ENTREPRISE BERCHAU. CONSTRUCTION. SARL. SAÔNE-et-LOIRE.
« Je suppose que vous n'avez plus besoin de moi pour parler à mes ouvriers. Restez dans mon bureau si vous voulez. Moi, je vais en *profiter* pour aller déjeuner, ma femme m'attend.
– Vous avez de la chance ! »

L'*entrepreneur* fait entrer ses deux hommes dans la pièce puis *disparaît* sans attendre. Les ouvriers ont l'*air gêné*. Ils se demandent ce que la police leur veut. Le plus vieux, un petit gros à la *moustache* et aux cheveux gris, prend la parole en premier.
« Le *patron* a dit que vous vouliez nous parler, Monsieur l'Inspecteur ?
– Oui, j'ai deux ou trois questions à vous poser. J'ai besoin de votre *témoignage* dans une affaire de *cambriolage*. »
Les deux hommes se regardent. Le vieux reprend :
« Je pense que vous parlez du *cambriolage* de cette nuit, chez monsieur Duval.
– Ah, vous savez déjà ça, vous ?

– Oh, les nouvelles vont vite à la campagne. On en a parlé sur le *chantier* de ce matin.
– Oui, bien sûr. »
L'inspecteur regarde les deux hommes.
« Pouvez-vous me dire ce que vous faisiez cette nuit ? »
Indigné, Pierre Letaillis demande :
« Il nous faut un alibi ? Vous ne nous croyez pas assez bêtes pour *cambrioler* un *chantier* sur lequel nous sommes en train de travailler ? Il faudrait être idiot ! Nous serions les premiers suspectés !»
L'inspecteur fait un geste de la main pour le *calmer*.
« Ne vous inquiétez pas. Je dois vous poser cette question. C'est la règle. »

Übung 6: Kreuzen Sie die richtige Antwort an!

1. Quel est le crime ?
   a) ☐ C'est un cambriolage.
   b) ☐ Il est un cambriolage.

2. Où habitent les Duval ?
   a) ☐ En Saône-et-Loire.
   b) ☐ À Saône-et-Loire.

3. Qu'est-ce que Dumoulin ne boit pas ?
   a) ☐ Il ne boit pas du café.
   b) ☐ Il ne boit pas de café.

4. Où travaillent les ouvriers ?
   a) ☐ Dans un chantier.
   b) ☐ Sur un chantier.

Pierre Letaillis finit quand même par répondre :
« Moi, je dormais, ma femme est *témoin*. »
L'inspecteur se tourne vers Marcel Pourcel, un *adolescent* trop maigre.
« Moi, je suis sorti avec des copains. »
Dumoulin l'*observe*. En effet, il n'a pas beaucoup dormi. Il a les yeux rouges de fatigue.
« Tu es rentré à quelle heure exactement ?
– Vers une heure du matin.
– Quelqu'un t'a vu ?
– Non, je ne crois pas. Ma mère dort à cette heure-là. Je n'ai donc pas d'alibi, si c'est ça que vous voulez dire ! »
L'inspecteur *regarde* le jeune homme *droit dans les yeux*. Son ton est devenu un peu agressif. Il se demande s'il dit la vérité.
« Est-ce que vous avez *remarqué* quelque chose d'*anormal* dans la maison de Maurice Duval ces derniers jours ? »
La question est adressée aux deux hommes en même temps.
Pierre Letaillis répond :
« Non, nous n'avons rien vu, *hein* Marcel ?
– Non, nous faisons notre travail, c'est tout.
– Est-ce que vous êtes passés par la *cave* pour aller au jardin ? Avez-vous *remarqué* si la porte fermait bien ? »
C'est Marcel qui répond cette fois.
« Nous ne travaillons pas à la *cave*. Nous n'avions pas besoin d'y aller. Pour le moment, nous faisons le *rez-de-chaussée*, le *couloir* et le salon. *Un point, c'est tout* ! »
« Il s'énerve facilement, le petit ! » se dit Dumoulin, amusé.
Pierre Letaillis ajoute plus calmement :
« C'est vrai. Nous n'avons pas besoin d'y descendre, à la *cave*. Et puis, je n'ai vraiment rien *remarqué* d'*anormal*. La porte de la *cave* était fermée, je pense. Je ne sais pas exactement, je n'ai pas regardé.

– Moi non plus ! » dit le jeune Marcel.
L'inspecteur fixe les deux hommes. Auraient-il quelque chose à cacher ? Seraient-ils *complices* ?
« Et au premier étage, vous y êtes montés ? »
Pierre Letaillis déclare :
« Encore une fois, Inspecteur ! Quand on nous dit de travailler au *rez-de-chaussée*, on travaille au *rez-de-chaussée* ! On n'a pas de temps à *perdre* ! Vous comprenez ? »
L'inspecteur passe à autre chose :
« Connaissez-vous le *jardinier* ?
– Oui. Nous l'avons rencontré une fois. Il ne parle pas beaucoup, un drôle de type avec un nom bizarre : Gabardine, quelque chose comme ça.
– Garibard.
– Oui, c'est ça. Garibard. Monsieur Duval nous a présentés, mais c'est tout. Nous n'avons pas eu de contacts avec lui. Il travaillait à l'*extérieur* et nous à l'*intérieur*.
– Il n'est pas entré dans la maison ?
– Je ne crois pas. En tout cas, je ne l'ai pas vu, et toi Marcel ?
– Moi non plus. »
Dumoulin réfléchit un instant, puis il lui vient une idée.
« J'ai une dernière question. Est-ce que l'un d'entre vous possède une bicyclette ?
– Moi oui, pourquoi ? demande le jeune Marcel.
– C'est moi qui pose les questions ! répond Dumoulin.
– C'est vrai, excusez-moi ! Le vélo, c'est mon passe-temps favori. Je *participe* quelquefois à des *courses cyclistes en amateur*. »
« Ah, pense l'inspecteur, voilà un cycliste *entraîné*. »
Letaillis s'écrie en riant :
« Moi, je ne suis absolument pas sportif ! Je n'ai pas de vélo. Et puis vous savez, en Bourgogne, avec les *montées* et les *descentes*,

il faut être fou pour faire du vélo !
– Bon, dit Dumoulin, je n'ai plus de questions pour le moment. Mais *restez à la disposition de* la police, s'il vous plaît !
– Oui, bien sûr, Monsieur l'Inspecteur ! »
Les deux hommes sont heureux d'être enfin *tranquilles*. L'inspecteur retourne à sa voiture et entend encore Pierre Letaillis qui dit à l'*apprenti :*
« Zut, la pause de midi sera bien courte aujourd'hui ! Allez, viens Marcel, j'ai faim ! »

! ÜBUNG 7

Übung 7: Formulieren Sie das Gegenteil!

1. Il est là en ce moment.

Il n'est pas là en ce moment.

2. Il prend toujours des notes.

____

3. Il remarque quelque chose d'anormal.

____

4. Vous avez déjà trouvé le cambrioleur.

____

5. Vous avez vu quelqu'un.

____

6. Je possède une bicyclette.

____

Chapitre 3 : Et vive le week-end !

« Moi aussi, j'ai faim ! » se dit Dumoulin.
Il s'arrête devant une boulangerie-pâtisserie qu'il connaît. Ce n'est pas un *dépôt de pain* dans un supermarché ! Non ! Une vraie boulangerie avec un vrai boulanger et de vrais croissants ! Une sonnette l'annonce. La boulangère arrive, ronde et jolie comme ses *brioches*.

« Ah, c'est vous, Inspecteur. Vous avez une petite faim ?
– Ce n'est plus une petite faim mais une *faim de loup* ! Je n'ai même pas eu de petit-déjeuner aujourd'hui. Vous voyez, je reviens toujours vers vous et vos excellents croissants, ajoute-t-il sur un ton charmeur.
– C'est très gentil, mais je n'ai plus de croissants. Je les ai tous vendus, ce matin. Mon mari fera des croissants frais pour cet après-midi.
– *Tant pis*, je prendrai autre chose.
– Je peux vous proposer mes *brioches*, elles sont encore toutes chaudes. »
La boulangère sort un instant, puis revient avec un plateau plein de *brioches*.
« Regardez !
– Hum, elles sont belles. Ça changera des croissants !
– Vous en voulez combien ?
– Je vais en prendre deux. Une pour mon petit-déjeuner manqué et une pour le déjeuner... » déclare l'inspecteur qui adore manger.
La boulangère choisit deux *brioches* sur le plateau.
« Voilà, ce sera tout ?
– Pour le moment, oui.
– Vous *menez* une *enquête*, je suppose ? »
La boulangère et Dumoulin se connaissent depuis longtemps. Il

sait qu'elle est un peu *curieuse*, mais il ne voit pas de mal à lui répondre.
« En effet. Vous connaissez monsieur Duval ?
– Le père ou le fils ? Je connais les deux.
– Le père. On a *cambriolé* sa maison cette nuit.
– Oh ! Le pauvre ! »
L'inspecteur ne veut pas en raconter plus. Il prend ses deux *brioches*, pose l'argent sur le *comptoir*, *empoche* sa monnaie et sort.
« Au revoir, à la prochaine fois...
– Bonne journée quand même, Inspecteur.
– Oui, merci, vous de même. »

! ÜBUNG 8

Übung 8: Übersetzen Sie die Vokabeln und finden Sie das Lösungswort!

1. sehen □ _ _ _
2. alles _ □ _ _
3. Kunde _ □ _ _ _ _
4. müssen _ □ _ _ _ _
5. zuhören _ _ _ □ _ _ _
6. schauen □ _ _ _ _ _ _ _

Dumoulin se demande si le métier de Garibard est : _ _ _ _ _ _

Il prend place au *volant* de sa voiture et commence à manger une de ses *brioches*. Il fait le numéro du bureau sur son portable pour savoir ce que Roland a *découvert* pendant ce temps-là.
« Alors, Roland, tu as appris quelque chose sur Garibard?
– Oh oui, j'ai des choses très intéressantes, Inspecteur. Comme je ne trouvais rien sur lui, pas d'adresse, pas de numéro de téléphone,

j'ai contrôlé la liste des clients des hôtels de la ville. On a retrouvé votre Garibard dans le registre d'une pension.
– Laquelle ? »
Delpierre explique :
« Il habitait à la pension Valentine, à la sortie de Paray.
– Il habitait ?! Il n'y habite plus ?
– Non. Nous sommes allés sur place. Il est parti sans laisser d'adresse.
– Vous avez *relevé* les *empreintes* dans sa chambre ? »
Roland ne *perd* jamais de temps, il connaît le métier.
« Oui, c'est déjà fait, Inspecteur. J'ai aussi parlé avec la personne de la réception. C'est la *propriétaire* de la pension. Elle dit que Garibard est un drôle de type.
– Il est parti sans payer ?
– Non, il avait payé *d'avance*.
– Est-ce qu'elle a dit s'il avait une voiture ou un autre véhicule ?
– Justement. Elle trouvait ça bizarre. Il arrivait toujours sur un vélo si vieux qu'il semblait venir tout droit d'un marché aux puces.
– Ah, ah ! Intéressant ! Bon, j'arrive. Je suis en route. »

Übung 9: Wie lautet der Satz in der richtigen Reihenfolge?

1. que la boulangère
2. qu'il y a eu un cambriolage
3. mais il lui raconte quand même
4. chez Maurice Duval.
5. l'inspecteur sait
6. est un peu curieuse

Lösungswort : _ _ _ _ _ _

Quand Dumoulin entre dans le *poste de police*, toute l'*équipe* est en train de boire du champagne et de manger du gâteau. Il se souvient brusquement que le collègue André Petitpied fête ses quarante ans. Il est arrivé juste à temps pour chanter avec les autres : « *Joyeux* anniversaire, nos *vœux* les plus sincères... »
Il lève son verre à la santé d'André Petitpied, à qui il demande :
« Alors, André, comment on se sent avec cette année de plus ? »
André Petitpied aime *plaisanter* et réplique :
« Je deviens de plus en plus jeune et de plus en plus beau ! Ça ne se voit pas ? »
Et l'inspecteur répond en riant :
« Excuse-moi ! Je n'ai pas mis mes lunettes, je n'ai rien *remarqué* ! Tous mes meilleurs *vœux*, André !
– Merci *Patron*. Prenez un morceau de gâteau ! Il est bon, c'est ma femme qui l'a fait. Louise a dit qu'un anniversaire sans gâteau, c'est comme un été sans soleil : c'est trop triste.
– Ah, nos femmes ! Qu'est-ce qu'on ferait sans elles !
– Moi, je sais ce que je ferais si je n'étais pas marié ! Je passerais mes dimanches à regarder les matchs de foot avec mes copains !
– Oui, mais tu n'aurais pas de gâteau pour ton anniversaire !
– Là, vous avez raison ! Non, alors je préfère ma Louise et ses gâteaux ! » et il se met à rire.
L'inspecteur va vers son assistant, Roland, un gros morceau de *marbré* à la main.
« Ah, Chef ! Je viens de recevoir les résultats du *labo* : les *empreintes* dans la maison de Duval et dans la chambre de Garibard sont les mêmes. »
Roland prend un dossier sur son bureau. « Regardez ! »
Dumoulin demande :
« Il est dans nos *fichiers* de police ?
– Exactement. Mais pas sous le nom de Patrick Garibard. En vérité,

il s'appelle Patrick Gallois, comme le flûtiste. Il a changé de nom, *remarque* Delpierre, mais il a gardé le même prénom. C'était plus simple pour lui, je pense.
– Monsieur Duval a dit que le *jardinier* n'avait rien à faire dans la maison. Donc, si on trouve ses *empreintes* partout...
– ... c'est qu'il y est entré quand même, complète Roland. Il a d'abord démonté la *serrure* de la *cave* pour pouvoir revenir *tranquillement* pendant la nuit. Malheureusement pour lui, il n'a pas mis de *gants*, ni dans la *cave*, ni plus tard, pour *forcer* la porte de l'armoire.
– Il n'est vraiment pas très intelligent, notre *cambrioleur* ! Qu'est-ce qu'il a fait pour être connu de la police ?
– Oh ! Des petits *délits*. Enfin, vous voyez, ce n'est pas un criminel de grande classe. Il a fait plusieurs fois de la prison, quelques mois par-ci, par-là.
– À sa place, je m'achèterais des *gants* ou je me *recyclerais* pour faire un autre métier ! »
Dumoulin sort la photo du dossier. Garibard-Gallois est un grand brun, la quarantaine, sportif.
« Je pense que c'est bien notre homme. Je me demande quand même comment il a fait pour démonter la *serrure* de la *cave*. La porte n'ouvre pas de l'*extérieur*.
– Vous savez bien. Un voleur trouve toujours un *moyen* d'entrer dans une maison. Il est peut-être descendu à la *cave* pendant que monsieur Duval et les ouvriers étaient occupés dans le salon, au *rez-de-chaussée*.
– Possible », fait Dumoulin.
Pendant que Dumoulin et Delpierre s'entretiennent, les collègues sont en train de rire et de fêter. L'inspecteur regarde sa *montre*. Il est bientôt deux heures. Il aimerait rentrer chez lui et passer le reste du week-end avec sa femme.

« Je rentre, dit-il. Je suis fatigué et l'affaire attendra bien jusqu'à lundi.
– C'est bon, Inspecteur. Je reste encore un peu ici pour fêter avec les autres. Passez le bonjour à madame Dumoulin *de ma part*. Elle vous attend sûrement.
– Merci Roland. Je le ferai. À lundi.
– Oui, à lundi. Au revoir, Inspecteur. »
L'inspecteur quitte le poste, ses collègues ne *remarquent* même pas son départ.

ÜBUNG 10 !

Übung 10: Ergänzen Sie jeweils die Wochentage oder die Monate!

1. Aujourd'hui, nous sommes lundi. Demain, nous serons

   ____

2. Aujourd'hui, nous sommes lundi, hier nous étions

   ____

3. Entre le jeudi et le samedi, on a le

   ____

4. Le premier mois de l'année est le mois de

   ____

5. Le sixième mois de l'année est le mois de

   ____

6. Entre le mois de mars et le mois de mai, il y a le mois d'

   ____

Chapitre 4 : Un cambrioleur un peu bête

Lundi matin... Pendant le week-end, Dumoulin a beaucoup réfléchi et il lui est venu une idée pour retrouver le *jardinier*. Il va essayer de le prendre *en flagrant délit*.

Avant d'aller au bureau, il passe au journal Bourgogne-Matin. Il entre dans le bureau et va directement vers une jeune femme brune avec des lunettes rondes. Il lui présente sa carte de police.

« Inspecteur Dumoulin. Bonjour, Mademoiselle. »

La police ! Elle ouvre de grands yeux.

« Oui, qu'est-ce que je peux faire pour vous, Inspecteur ?

– J'aimerais parler à la personne qui s'occupe des petites annonces, s'il vous plaît.

– C'est moi.

– Ah bon ! Alors j'ai une question. Vous *enregistrez* bien toutes les petites annonces dans votre ordinateur ?

– Oui, bien sûr.

– Alors pourriez-vous me dire si quelqu'un a cherché un *jardinier* ces derniers temps ?

– Oui, c'est possible. Attendez ! Je regarde les deux dernières semaines. »

Elle clique sur le *fichier* qui s'ouvre sur l'*écran*.

« Voilà. Il y a deux annonces. Un monsieur Duval...

– Oui, pour celui-là, je sais...

– Et une madame Grandet Amélie... Elle a mis son annonce la semaine dernière.

– Donnez-moi son adresse et son numéro de téléphone, s'il vous plaît. »

La jeune femme lui écrit tout sur une feuille.

« Voilà. Est-ce que je peux encore faire quelque chose pour vous aider ? Vous avez besoin d'autre chose ?

– Non merci, Mademoiselle. Vous êtes très compétente et très rapide. Merci. Vous m'avez déjà bien aidé. »

La jeune femme est sensible au compliment.

« *À votre service*, Inspecteur !

– Merci, Mademoiselle. Au revoir.

– Au revoir, Inspecteur. Bonne journée.

– Merci. Je pense qu'elle va être bonne ! Elle commence déjà bien ! »

L'inspecteur sort son portable et fait le numéro que l'employée du journal lui a noté... Personne ne répond.

« *Tant pis*, je vais d'abord passer au bureau. J'appellerai plus tard. À midi, les Bourguignons sont toujours chez eux. »

Au poste, les affaires du week-end, qui sont restées sur son bureau, ne lui laissent pas le temps de penser à son *enquête*.

Roland est pris par une histoire de *racket* dans une école. Il essaie de contrôler deux jeunes de treize ans qui jouent déjà aux grands criminels.

À midi, tout se *calme*. Les Bourguignons ont horreur de manquer les repas. Une chance pour les policiers car le *poste de police* se *vide* peu à peu.

! ÜBUNG 11

Übung 11: Welche Gegenteile gehören zusammen? Ordnen Sie zu!

1. vide	☐ petit
2. ouvert	☐ gai
3. grand	☐ plein
4. dangereux	☐ fermé
5. triste	☐ malheureux
6. heureux	☐ sûr

Dumoulin a *mis* son assistant Delpierre *au courant* de son idée pour attraper le *cambrioleur*. Il appelle maintenant madame Grandet.

Au bout d'une dizaine de sonneries, quelqu'un prend enfin l'appel.

« Allô, Madame Grandet ?

– Oui, allô. Excusez-moi, j'étais dans le jardin. Je n'entendais pas la sonnerie. Qui est à l'appareil ? »

« Une personne âgée, se dit Dumoulin. La *victime* idéale ! »

« Je suis l'inspecteur Dumoulin. Vous êtes bien Madame Grandet, Amélie Grandet ?

– Oui, c'est moi. Que désirez-vous, Inspecteur ?

– J'ai simplement une question à vous poser. Est-ce que quelqu'un a répondu à votre annonce, vous savez, celle par laquelle vous cherchiez un *jardinier* ?

– Ah, c'est ça ! Oui, j'ai eu de la chance, un homme a répondu presque tout de suite à mon annonce.

– Madame Grandet, est-ce qu'il vous a dit son nom ?

– Oui, il s'appelle Patrick Gardon. »

Encore un faux nom ! Gardon, Garibard, Gallois, certainement le même homme ! Toujours les mêmes initiales.

« J'aimerais passer vous poser quelques questions. Est-ce que vous serez chez vous dans une demi-heure environ ?

– C'est l'heure du repas, je reste chez moi. Vous pouvez venir. »

Elle lui *décrit* comment arriver à Maltat, un *hameau perdu* au milieu de la campagne verte.

Une délicieuse *odeur* de soupe aux légumes *accueille* le visiteur.

Madame Grandet est une petite vieille délicate, aux cheveux blancs. Il est difficile de lui donner un âge. Elle invite l'inspecteur à prendre place à table, puis pose un *bol* de soupe devant lui, sans lui demander s'il est d'accord :

« Vous mangerez bien un *bol* de soupe avec moi. Je vous ai attendu... Je suis sûre que vous avez faim et que vous n'avez pas pris le temps de manger ! »

L'inspecteur accepte volontiers.

« Je vous remercie, j'adore la soupe !

– Oui. Une bonne soupe, c'est bon pour la santé. »

Puis elle pose une corbeille avec des morceaux de baguette fraîche au milieu de la table et s'installe elle-même en face de lui.

« Alors, vous vous intéressez à mon *jardinier* ? Qu'est-ce qu'il a fait ?

– Il pourrait être l'homme que nous recherchons dans une affaire de *cambriolage*.

– Ah ! Mon *jardinier* serait un *cambrioleur*. Comme c'est *dommage* ! J'étais si heureuse d'avoir trouvé quelqu'un aussi rapidement. Il n'avait pas l'*air* d'un criminel. »

L'inspecteur *déguste* une cuillère du *potage* :

« Hum, délicieux !... Est-ce que vous avez l'intention de partir en voyage prochainement, Madame Grandet ?

– Non, pas vraiment. Je vais seulement passer la nuit et la journée de demain chez ma fille, c'est son anniversaire.

– Est-ce que votre *jardinier* le sait ?

– Oui, on en a parlé. Il est venu un première fois jeudi dernier et voulait finir le travail demain, mardi. Je lui ai expliqué que je serais partie, alors il reviendra mercredi.

– Il ne *perd* pas de temps. Mercredi dernier, il travaillait chez Maurice Duval. Jeudi chez vous. Vendredi dans la nuit, il *cambriolait* chez Duval et ce soir, la même chose chez vous, je suppose. Comment est-il venu ? En voiture ?

– Non, pas du tout, il a une vieille bicyclette. Je me suis dit qu'il était bien courageux quand même, avec toutes nos *montées* et nos *descentes*. C'est plutôt la montagne, ici !

– La semaine dernière, quand il est venu travailler, est-ce que vous

étiez tout le temps présente dans la maison ?
– Oui... euh non ! Je suis allée acheter du pain, je l'ai laissé seul un petit quart d'heure. Mais la porte d'entrée était fermée. »

L'inspecteur, qui a fini sa soupe, se lève et examine la porte. Il *découvre* des restes de *pâte* blanche à l'*extérieur* sur la *serrure*.
« C'est bien ce que je pensais ! Il a pris l'*empreinte* de la *serrure* pour faire un *double* de la clé. Je pense qu'il va venir ce soir ou cette nuit pour *cambrioler* votre maison. Mais ne changez surtout rien à vos plans. Donnez-moi aussi un *double* de votre clé, si vous en avez un.
– Oui, voilà ! »
Elle prend une clé dans un vase posé sur une table près de la porte et la donne à l'inspecteur.
« Vous irez chez votre fille et mes hommes vont attendre votre *jardinier cambrioleur* ici même. Il aura une mauvaise *surprise* ! Ne vous inquiétez pas, nous nous occupons de lui !
– J'ai eu de la chance, je pense. Sans vous, il *cambriolerait* ma maison, cette nuit.
– Oui, beaucoup de chance ! Mais nous aussi, car nous le recherchions et nous ne savions pas où le trouver. »
Dumoulin quitte la vieille dame sans oublier de la remercier pour la soupe. Puis il remonte en voiture.
« Et maintenant Patrick G, à nous deux ! »

Übung 12: Lesen Sie weiter und unterstreichen Sie die sechs nicht dazu gehörenden Sätze!

! ÜBUNG 12

Dans la nuit, l'inspecteur Dumoulin attend nerveusement dans son bureau des nouvelles des policiers. Les élèves jouaient dans la *cour*

de récréation. Vers une heure du matin, le téléphone sonne enfin.
« Roland, c'est toi ? Alors ?
– C'était comme vous avez dit, Inspecteur. Ils jouaient au foot. Notre Patrick G est arrivé à minuit sur son vieux vélo et il est entré dans la maison de madame Grandet avec un *double* de la clé. Il avait un *sac à dos* pour transporter les objets volés. Un garçon a envoyé le ballon dans la fenêtre de la classe. Quand on l'a arrêté, il ne s'est même pas *défendu*. La fenêtre s'est cassée sous le choc. Maintenant, on les met dans le *fourgon de police*, lui et son vélo, et on arrive. Le directeur est arrivé avec le ballon.
– Vous avez fait du bon *boulot* ! Passez d'abord à sa nouvelle adresse. Le directeur a demandé qui était l'auteur de ce crime contre l'école. Peut-être que vous y trouverez les *bijoux* volés de monsieur Duval. »

Une petite heure plus tard, l'inspecteur se trouve face au voleur, qui est très calme. On voit qu'il est habitué à être arrêté *en flagrant délit*. Sur le bureau se trouvent le *sac à dos*, les *bijoux* de Maurice Duval et une partie de l'argent volé.
« Tu es bien Patrick Gallois, 37 ans, né à Marseille. »
L'homme fait oui de la tête.
« Alors, tu t'es *fait prendre* une fois de plus. »
Pas de réponse.
« Tu devrais changer de métier ! »
Patrick Gallois répond enfin :
« J'ai essayé. Le métier de *jardinier*, c'est trop dur ! »
Dumoulin est *curieux* :
« Pourquoi utilises-tu ce vieux vélo ? Tu aurais pu en voler un beau, un vélo tout neuf. Ce n'était pas difficile. »
L'homme rit.
« Trop risqué avec tous les voleurs qui se promènent dans la rue !

Cette vieille bicyclette, elle fonctionne parfaitement et personne ne s'y intéresse ! »
Dumoulin pense : « Si. Moi, je m'y suis intéressé ! »
« Tu fais ça depuis longtemps, *cambrioler* les maisons de tes clients ?
– Non. La première fois, c'était chez les Duval. Avant, je ne faisais vraiment que du *jardinage*. J'avais peur de retourner en prison. Mais comme je vous le dis, le *jardinage*, c'est trop dur.
– Et les *empreintes* ? On ne t'a jamais appris qu'il ne fallait pas laisser d'*empreintes* ?
– J'ai oublié de mettre des *gants*. C'était idiot *de ma part* !
– En effet ! Une chose est sûre : tu vas y retourner, en prison. Et pour assez longtemps ! *Dommage* pour toi. Les gens trouvent que tu es bon *jardinier*. Si tu en faisais ton métier, ce serait plus moral et mieux pour toi. Tu n'as *aucun* talent pour le métier de voleur.
– Mais voler, c'est plus facile. »
L'inspecteur rit.
« C'est aussi plus risqué.
– Je ferai mieux la prochaine fois. »

Dumoulin ne doute pas une seconde qu'il parle sérieusement. Ils se reverront, c'est certain !

MORT A L'OPERA

Ilse Arnauld des Lions

Chapitre 1 : L'opéra Bastille

Impossible de ne pas voir la grande affiche rouge foncé qui vous *accueille* à l'entrée de l'opéra Bastille. Le nom « Panarido » est écrit *en biais*, en grandes lettres noires, sur la moitié de l'affiche. Un taxi s'arrête devant la porte en troisième *file*. Sylvie en sort, vêtue d'une longue robe de soirée mauve. Une *légère* écharpe en satin *flotte* sur ses épaules au rythme de ses mouvements. Son rouge grenat fait ressortir le brun foncé de ses cheveux noués en *chignon*. Ses yeux bleu-vert *brillent* de plaisir à l'idée de voir enfin son opéra préféré : « Un bal masqué » de Verdi.

ÜBUNG 1 !

Übung 1: Finden Sie im vorherigen Text sechs Farbadjektive !

1. ____________
2. ____________
3. ____________
4. ____________
5. ____________
6. ____________

Elle le connaît *par cœur*. Toutefois, elle est bien décidée à ne pas *fredonner* tous les *airs*, mais à les *écouter* avec attention. D'autant plus que le grand ténor Panarido joue le gouverneur de Boston,

Riccardo ! Ce dernier a tout ce qu'il faut pour être heureux, mais il est amoureux de la femme de son secrétaire. Son secrétaire qui est son ami ! Riccardo est *déchiré intérieurement*. Il aime Amelia depuis qu'il la connaît. Depuis, donc, qu'elle est la femme de Renato. Il sait que son amour est sans *espoir*. Il ne veut pas faire souffrir son secrétaire, si *loyal*. Mais il veut quand même savoir. L'aime-t-elle aussi ? Il désire lui avouer son amour et décide de le faire et d'envoyer ensuite son secrétaire et ami – accompagné de sa femme – travailler *loin* de Boston. *Loin des yeux, loin du cœur*, dit-on. Voilà la *solution* !
Mais tout se passe différemment et Renato, le mari d'Amelia, tue Riccardo pendant le bal masqué.

Depuis le temps que Sylvie veut voir cet opéra ! Évidemment, avec son salaire de commissaire, même à Paris – surtout à Paris – impossible de se payer l'entrée d'un tel *spectacle*... Qui plus est, dans ce grand opéra. C'est une idée *formidable* de ses amis : lui offrir cette soirée pour son anniversaire !

Elle monte les marches, *entourée* d'un grand nombre de personnes. Toutes ces robes longues aux couleurs vives contrastent avec les *queues de pie* sombres des hommes aux gestes *galants*. En entrant dans la grande salle d'entrée, elle est saisie par le *brouhaha joyeux*, semblable à celui d'une *cour de récréation*.

Übung 2: Suchen Sie im folgenden Text Synonyme für die unten stehenden Wörter!

1. manquer ____________________________
2. second ____________________________

3. spectacle ______________________

4. colossal ______________________

5. cérémonieux ______________________

Elle a encore le temps de faire une petite visite et ne veut pas rater l'occasion. Elle décide d'aller voir le grand *escalier*. Elle monte au deuxième étage. L'*escalier* longe la façade en verre. Comme il ne fait pas encore nuit, la lumière passe à travers les vitres.
Tiens, il y a même des télévisions. Elles permettent aux *retardataires* de suivre la représentation. Comme cela, ils savent à quel moment rentrer dans la salle sans *déranger* et, en plus, ils ne *perdent* rien du *spectacle* ! C'est bien *judicieux* comme système ! Elle monte le grand *escalier*. Il est tout blanc, en *marbre* et en béton. Il est très *impressionnant* par sa taille, à la fois très simple et solennel.

Ensuite, elle revient en bas, *commande* une coupe de champagne et se place au milieu de la pièce pour *observer* les va-et-vient.
Soudain, une sonnerie la fait sortir de ses rêves. Elle dépose son verre vide sur le plateau posé sur le *guéridon* à côté d'elle, descend du tabouret et suit les personnes en direction de la salle d'opéra. À l'entrée de la salle, elle ne peut s'*empêcher* de s'arrêter un instant. « C'est tout simplement *époustouflant* ! »

ÜBUNG 3 !

Übung 3: Schreiben Sie die folgenden Zahlen auf Französisch aus!

1. 20 ______________________

2. 32 ______________________

3. 40 ______________________________

4. 2623 ______________________________

5. 80 ______________________________

6. 60 ______________________________

20 mètres de haut, 32 mètres de *profondeur* et 40 mètres de *largeur*. La taille de cette salle est *impressionnante*. 2623 places font directement face à la scène. Seules 80 places sont *en biais*. Les couleurs de la salle sont à la fois discrètes et élégantes : le granite gris-bleu des murs, le bois rouge orange des sièges recouverts de velours noir. Les balcons *ressemblent* aux *bâtiments* dans les films futuristes des années 60 : blancs, le bout *arrondi*, ils surplombent le centre de la salle et *éclairent* les sièges avec de petites lampes rondes *disposées* en rangées, comme les phares d'une *soucoupe volante*. On se croit transporté dans le futur. Quelle vision !

Chapitre 2 : Rencontre

Passée devant la rangée où se trouve son siège, elle fait un pas en arrière trop rapidement et sent le pied de la personne qui la suit sous son escarpin. Elle se retourne pour demander pardon. Un homme élégant d'une trentaine d'années lui répond en *souriant* :
« Ce n'est rien, ne vous inquiétez pas. Vous êtes si *légère* que je ne vous ai même pas sentie. »
Sylvie rougit à ce compliment. Un homme charmant, assurément. Et il s'assoit juste à côté d'elle !

Les lumières s'éteignent, tout le monde se *tait*.
Quel courage ce Riccardo ! Quelle droiture ! Ah, la scène dans

l'antre de la sorcière Ulrica ! Ces jeux de lumière, la musique, l'annonce de la mort imminente du gouverneur, quel drame !
Le *suspense* est si bien *mis en scène* que Sylvie ne pense même pas à *fredonner*. Au contraire, elle retient son souffle lorsque la sorcière lit à Riccardo les lignes de la main. Sa *surprise*, son expression... La mort est inscrite sur son visage, tout en elle exprime la peur. Fantastique ! Quel *spectacle* splendide !

ÜBUNG 4 !

Übung 4: Finden Sie im folgenden Absatz alle fünf femininen Substantive!

Après la scène du complot entre les assassins et Renato, le secrétaire du gouverneur, les lumières se rallument. C'est l'entracte. Les personnes sortent sans bruit de la salle, encore *abasourdies* par le *spectacle*. Dehors, les commentaires ne se font pas attendre. Dans toutes les bouches les plus beaux compliments : *Formidable* ! Extraordinaire ! Sublime !

1. ______________________

2. ______________________

3. ______________________

4. ______________________

5. ______________________

Sylvie sort de la salle. Elle veut se *dégourdir* un peu les jambes. L'homme à côté d'elle se serre contre son siège pour la laisser passer avec un *sourire*. « *Dommage* qu'il ne sorte pas lui aussi », pense Sylvie. Elle se dirige vers l'entrée, l'espace devant le bar est plein de monde. Comme un *essaim d'abeilles* autour d'un *pot* de *miel* ! Et bien, elle ne boira rien. Elle n'a pas envie de se *frayer un passage* au milieu de cette *cohue*. Elle aperçoit devant le bar l'homme *assis* à côté d'elle dans la salle. Comment a-t-il fait pour arriver si près du bar en quittant sa place après elle ? Il se *débrouille* bien en tout cas, il a déjà une coupe de champagne dans chaque main. Mais alors, c'est qu'il n'est pas venu seul. Mince alors, quelle *malchance* quand même ! Elle se retourne et va dans la direction opposée.

« Voulez-vous un verre ? »

L'agréable voix de basse de son voisin s'élève derrière elle. Elle se retourne.

« Merci, c'est gentil, mais je ne vous connais même pas.

– Oh, pardon ! Je m'appelle Jean. Je viens de m'installer à Paris et ne connais encore personne ici.

– Bonsoir. Sylvie. Parisienne depuis toujours. Et qu'est-ce qui vous amène à Paris ?

– Le travail bien sûr : je suis nommé au nouveau poste d'inspecteur de police au commissariat de l'avenue Daumesnil et commence mon travail demain. Comme l'opéra de la Bastille fait partie de l'arrondissement de mon commissariat, je suis venu le voir pour de vrai. J'adore les opéras !

– Pour une *coïncidence*, c'est une *coïncidence* ! Je suis commissaire au même endroit et nous partageons le même bureau.

– Eh bien, voici une raison de plus d'*apprécier* mon nouveau travail ! À la vôtre !

– La sonnerie ! Je suis *curieuse* de voir la dernière scène. Jusqu'à présent, chapeau ! La *mise en scène* est *impeccable*, l'orchestre *formidable* et les chanteurs... Un vrai rêve !

– Dépêchons-nous, moi aussi, je suis impatient de *découvrir* la scène de l'assassinat. »

Übung 5: Sind die folgenden Aussagen richtig ✔ oder falsch – ? Kreuzen Sie an!

ÜBUNG 5 !

1. Sylvie trouve son voisin agréable. ☐
2. Le voisin de Sylvie, Jean, est aussi son futur collègue. ☐
3. Jean va travailler au commissariat de l'avenue Bastille. ☐
4. Jean est désagréablement surpris d'apprendre qu'il va travailler avec Sylvie. ☐
5. Sylvie est contente de la première scène de l'opéra. ☐
6. Sylvie va régulièrement à l'opéra. ☐

La lumière s'*éteint*. Tout le monde se *tait*. La scène est décorée comme pour un bal : de grands rideaux rouges devant les fenêtres, quelques *fauteuils* recouverts de velours. Un chat, un policier, un arlequin et un cosmonaute discutent dans un coin de la salle, une coupe de champagne à la main. Un grand coq rouge et jaune danse une valse avec une extraterrestre. Parmi les spectateurs, personne ne *tousse*. La tension est extrême. Riccardo *entre en scène* dans sa grande cape noire et avec son bandeau rouge. Il *scrute* la scène du regard. Il *reconnaît* Amelia et s'approche d'elle. Il va droit vers elle, la regarde dans les yeux, toute son *attitude* exprime la *passion*. Amelia le *repousse*. Elle est *désespérée*. Elle lui demande de partir. Au moment où il veut la prendre dans ses bras, son mari Renato se jette sur Riccardo et *enfonce* un *poignard* dans sa *poitrine*. Lorsque Riccardo grimace de *douleur*, plusieurs personnes dans la salle ne peuvent s'*empêcher* de laisser *échapper* un petit cri. Le sang *coule* de sa *poitrine*, il tombe par terre. Le visage de Renato devient pâle. Personne ne bouge sur scène. L'orchestre continue, mais plus personne ne chante. Le chef d'orchestre est pris d'incertitude. D'un seul coup, Amelia se retourne face au public et pousse un cri strident. La musique s'arrête.

Chapitre 3 : Affolement général

Sylvie se tourne vers son voisin :
« C'est un vrai *meurtre* ! J'appelle des *renforts*. Venez avec moi, il faut essayer d'*éviter* la panique ! Appelez aussi une *ambulance*. Avec un peu de chance, il n'est pas mort. Allons sur la scène et essayons de *calmer* la *foule*. Incroyable ! Tuer quelqu'un en pleine scène. »

Übung 6: ***Un, une, le, la*** *oder* ***les****?*
Setzen Sie den passenden Artikel ein!

ÜBUNG 6 !

Ils se précipitent vers (1.) _______ porte, dévalent (2.) _______ escaliers. Ils traversent (3.) _______ salle à grands pas et montent sur la scène. Sylvie se tourne vers (4.) _______ public :
« Mesdames et Messieurs, gardez votre calme ! Y-a-t-il (5.) ________ docteur dans (6.) ________ salle ? S'il vous plaît, ne bloquez pas l'accès à (7.) _______ scène et ne venez ici que si vous pouvez nous aider sur le plan médical ! Sortez dans le calme, l'un après l'autre, sans courir. »

Elle se retourne, sort son portable du sac et l'allume. Pendant ce temps, elle se rapproche des chanteurs toujours au même endroit, devant Riccardo à terre. Elle leur *fait signe* de ne pas bouger. Jean essaie de filtrer les *curieux* qui se pressent vers la scène.
« Allô ! Commissaire Mongin à l'appareil. Envoyez deux *équipes* à

l'opéra Bastille ! Un *meurtre*, oui. Sous nos yeux, sur la scène. Oui, toute la salle est *témoin*. Bien sûr, nous savons qui a frappé. Mais est-ce vraiment le *meurtrier* ? Dépêchez-vous ! L'inspecteur Deschamps ne pourra pas longtemps garder les *curieux* à distance, ils sont de plus en plus nombreux. »
En effet, à l'entrée de la scène, la pression est de plus en plus grande. Une femme, les cheveux gris, coupés court essaie de se *frayer* un chemin à travers la *foule*.
« Laissez-moi passer ! Je suis médecin ! »
Jean lui *fait signe* de passer par le côté. Lorsqu'elle arrive à sa hauteur, il la laisse passer et lui demande de se présenter auprès de sa supérieure, Sylvie.

Annick Durbey s'agenouille près du corps et prend le pouls au niveau du cou. Elle se tourne vers Sylvie.
« Je ne peux plus rien faire pour lui. C'est un *corbillard* qu'il vous faut.
– Merci d'être venue. Je m'en doutais. »

La nouvelle semble se répandre à toute vitesse. Est-ce l'*air* attristé de Sylvie ou encore le signe d'approbation qu'elle a fait de la tête ? En tout cas, les nombreuses personnes pressées devant Jean, à l'entrée de la scène, essaient de se retourner et de partir le plus rapidement possible. Dans un *murmure* continu, on n'entend plus que le mot « *meurtre* ». La peur est désormais inscrite sur les visages. Chacun regarde son voisin d'un *air* suspicieux. Comme les personnes sont les unes contre les autres mais essayent de garder leurs distances, ce mouvement subit vers la sortie fait *perdre* l'équilibre à celles qui sont moins fortes que les autres. Plusieurs personnes tombent et n'arrivent pas à se *relever* car la *foule*, de plus en plus pressée, préfère passer par-dessus que de s'arrêter et de les aider.

Sylvie et Jean se rendent compte de la situation en même temps que la médecin. Ils savent tous les trois que la situation peut tourner à la catastrophe. La panique s'empare de la *foule*. Les personnes risquent d'être *écrasées*. Impossible de crier, d'essayer de *calmer* la *foule*, personne n'entendrait. Le bruit et le *brouhaha* sont trop forts. Jean regarde Sylvie d'un *air interrogateur*, elle se plante au bord de la scène, le visage tourné en direction de la *foule* en *fuite*, prend sa *respiration* et, sous le regard *épaté* de Jean, elle souffle, d'un seul coup en faisant vibrer sa langue, tout l'*air* qu'elle a retenu auparavant. Le bruit strident qui s'en *dégage ressemble* à s'y tromper à un grand coup de *sifflet* de police qui traverse la salle et fait s'arrêter la *foule* sur-le-champ. Tout le monde reste figé. C'est juste à ce moment que les *renforts* arrivent. Ils *entourent* les personnes assemblées et les font sortir du théâtre en les *calmant* et en les dirigeant très fermement.
Jean, toujours *admiratif*, ne peut s'*empêcher* de *remarquer* :
« Terrible, le coup du *sifflet* ! On aurait vraiment dit un vrai ! Et en plus, ça marche !
– Ce n'est pas si difficile que cela en a l'*air*. Mais je dois avouer que je me suis *entraînée* toute mon enfance... Je vous raconterai ça une prochaine fois. En attendant, nous avons vraiment de la chance : les *renforts* sont arrivés juste à temps. Venez ! Commençons notre *enquête*, le *médecin légiste* vient d'arriver. »

Übung 7: Welche Wörter gehören zusammen?
Setzen Sie die richtige Ziffer ein!

1. coup de sifflet	☐ Anruf
2. coup de poing	☐ Fußtritt
3. coup de feu	☐ Schuss

4. tout à coup	☐ beim ersten Mal
5. coup de chance	☐ Faustschlag
6. coup de fil	☐ Glücksfall
7. au premier coup	☐ plötzlich
8. coup de pied	☐ Pfiff

Pendant qu'ils reviennent vers le corps allongé par terre, ils sont bousculés par une femme qui entre soudain sur scène. Elle court vers l'homme à terre. Elle aussi est en robe de soirée. Elle est affolée. Elle tombe à genoux devant le corps et se met à pleurer. Sylvie lui *fait signe* de ne pas s'approcher trop du corps. Renato, ou plutôt l'homme qui interprète le rôle, Gérard Granjon, ne bouge pas. Il regarde le corps allongé, sans bouger un *cil*, le regard absent.

La chanteuse qui interprète Amelia s'est *assise* par terre, elle hoche la tête d'un côté puis de l'autre. Elle *murmure* constamment : « C'est impossible, c'est impossible ! »

Chapitre 4 : La vedette

« J'ai l'impression d'être dans un film », se dit Sylvie en regardant la scène. Elle essaie d'éloigner la femme affolée. Elle la prend par l'épaule et la tire doucement vers elle. En regardant par-dessus l'épaule de cette femme, elle aperçoit Gérard Granjon qui sort lentement de sa torpeur et la regarde. Elle lui jette un regard *interrogateur*. Il semble la comprendre et s'approche :
« C'est Anémone Panarido, la femme de... »
Sylvie se tourne vers la femme de Panarido qui se *calme* lentement. Doucement, elle lui dit :
« Attendez-moi ici, s'il vous plaît, je dois vous *interroger* aussi. »

Übung 8: Setzen Sie die Verben in der passenden Zeitform ein!

Elle se retourne vers Gérard Granjon :

« Monsieur Granjon, tout le monde vous (1. voir, passé composé) ________________ *enfoncer* le *poignard*. Je pars toujours du principe que la réalité n'est pas forcément telle qu'on la voit, je ne vais donc pas vous accuser *d'emblée*, mais (2. avouer, impératif) ________________ que votre situation est très délicate ! Je vous demande donc de bien vouloir répondre à mes questions avec la plus grande précision possible, et surtout très *sincèrement*.

– Merci. Je vais faire de mon mieux.

– Comment (3. être, imparfait) ________________ vos relations avec la *victime* ?

– Ma foi, c'était un collègue. Il avait comme tout le monde ses hauts et ses bas. Il avait *énormément* de talent, et il le savait. Or, comme toute personne talentueuse, il n'était pas toujours très facile à vivre. Cela dit, je n' (4. avoir, imparfait) ________________ *aucune* raison de vouloir sa mort.

– J'imagine qu'avant une représentation, l'atmosphère est plutôt tendue. Il est possible qu'on dise dans ces moments des choses qu'on ne veut pas forcément dire. En d'autres mots : vous (5. se disputer, passé composé) ________________________________ avec la *victime* ?

– Non. Enfin, pas vraiment.

– Oui ou non ?

– C'est difficile de dire si c'était vraiment une *dispute*. Oui, c'était quelqu'un qui aimait bien donner des ordres. Souvent, son ton était plus fort, plus sec que nécessaire. Mais chacun ici (6. savoir, imparfait) ______________________ que c'était son ton naturel, pas forcément des mots agressifs. Même si cela (7. pouvoir, imparfait) ____________________ en avoir l'*air*. »

Sylvie *remarque* l'*air gêné* de la femme qui joue Amelia, Simone Garden.
« N'était-ce vraiment pas une *dispute* ?
– Disons plutôt un quiproquo. L'un de nous deux avait mal compris quelque chose, ce qui avait *entraîné* un *différend*. Nous avons décidé d'en parler après la représentation. Je suis sûr qu'il était prêt à comprendre mon point de vue. D'ailleurs, c'était une affaire tout ce qui est de plus bénigne.
– Ça, c'est à moi d'en juger. Quelle affaire ? »
Amelia lève les yeux au ciel. Jean la regarde du coin de l'œil.
« Une affaire de casino, continue Granjon. J'ai joué, il y a peu, contre lui dans une partie de poker. On se retrouvait régulièrement pour y jouer, les mises étaient en général petites. Mais cette fois-ci, nous avions un peu bu. Moi surtout. Au début, j'ai gagné, pas mal d'ailleurs. Ensuite c'est lui qui a pris la main. Il a gagné de plus en plus et j'ai tout *perdu*.
– Beaucoup ?

– Pour moi, oui.
– Combien ?
– 20 000.
– Évidemment, c'est une grosse somme. Vous l'avez ?
– Non. C'est justement ça. Ou plutôt, oui, mais pas vraiment.
– Et en clair, ça donne quoi ?
– C'est exactement la somme que j'ai économisée pour payer l'opération de ma fille. L'opération coûte un peu plus, je pensais que j'arriverais à gagner le reste, vu la chance que j'avais ce jour-là. Malheureusement, j'ai tout *perdu*. J'ai essayé de lui demander d'être magnanime. Après tout, ce n'était qu'un jeu. Fallait-il vraiment que cela soit si sérieux ? Dans la même situation que lui, je pense que je n'aurais pas réagi de la même manière, je lui aurais par exemple proposé de tout oublier. C'est un jeu ! Mais il n'a pas voulu. Il a répondu : « Une *dette* c'est une *dette*, au jeu ou ailleurs ! » J'ai essayé de lui demander un délai et je lui ai expliqué que j'avais besoin de cet argent pour ma fille. Il a répondu qu'avec une fille malade, on ne joue pas au poker ! »

Übung 9: Fügen Sie in den idiomatischen Redewendungen das passende Wort ein!
(or, beurre, odeur, silence, argent, beurre, amour)

1. L'argent n'a pas d' ________________

2. La parole est d'______________ et le ______________ est d'or.

3. Vouloir le ______________ et l'argent du ______________

4. Malheureux au jeu, heureux en ______________

5. Tout ce qui brille n'est pas en ______________

Simone Garden se tourne à son tour vers Sylvie :
« Alberto aimait beaucoup donner des leçons. Il était toujours *persuadé* d'être le seul à avoir raison. Il n'était pas diplomate du tout. Il faut dire qu'il avait souvent raison. Il fallait toujours le prendre avec des pincettes. Un mot de trop et il *éclatait*. Il n'était pas facile, mais il *attirait* beaucoup de public. Ses *colères* étaient célèbres dans tout l'opéra.
– Comme le jour où il t'a traitée de moins que rien devant toute la *troupe*. »
Simone Garden lance un regard glacé à son collègue. Sylvie est *curieuse* :
« À quel propos ?
– Oh, une bêtise. J'étais encore nouvelle ici, et chanter avec une telle célébrité m'a fait tourner la tête. Bref, j'ai cru que j'étais tombée amoureuse de lui et j'ai essayé de le lui faire comprendre. J'étais aveugle, je ne savais pas encore comment il était vraiment. À la première occasion, il s'est moqué de moi en public. Devant toute la *troupe*. Il m'a demandé comment je pouvais penser être à sa hauteur. C'est là qu'il m'a traitée de moins que rien.
– Mais vous savez, si vous recherchez tous ceux qui se sont *disputés* avec lui, vous allez avoir du travail ! Il n'a épargné personne. Tout le monde a été *victime* de son mauvais caractère. Toutefois, ce n'est pas une raison pour tuer quelqu'un. »

Sylvie *remarque* que la femme de Panarido s'est *calmée*. Elle s'approche doucement d'elle.
« Sylvie Mongin. Police judiciaire du XIIe. Je dois vous poser quelques questions. Vous pouvez y répondre ou vous *taire*. Vos réponses pourraient nous aider à trouver le *meurtrier* plus rapidement. Êtes-vous prête ?
– Oui. En tout cas, je vais essayer.

– Alors, vous êtes la femme de la *victime* ?
– Oui. Née de la Péraine.
– Pardonnez ma question, mais nous devons en passer par là. Êtes-vous toujours en *couple* ?
– Oui. Du moins plus maintenant, puisqu'il est mort. »
Elle pousse un *soupir*.
« Savez-vous s'il a des *ennemis* ?
– Je ne sais pas. Mais vous savez, quand on a de la chance et de la fortune comme lui, il y a toujours des *jaloux*.
– Depuis quand étiez-vous mariés ?
– Depuis 24 ans. Nous avons un fils : Maximilian. D'ailleurs, il ne doit pas être *loin*. »
À ce moment-là, un jeune homme arrive à grands pas sur la scène. Il se dirige tout droit vers madame Panarido. Arrivé devant elle, il la prend dans ses bras. Alors son regard tombe sur le corps inerte. Son visage est marqué par la *douleur* et il ferme les yeux.
« Mon fils, Max.
– Avez-vous une idée de la personne qui peut *en vouloir à* votre père ?
– Oh, il n'était pas toujours facile à vivre, mais de là à le tuer, il y a quand même une marge ! Non, je ne vois vraiment pas ! En plus, de cette façon... C'est horrible et vraiment ignoble ! »
Granjon laisse *échapper* un grand *soupir*.
« A qui le dites-vous ! »

Übung 10: Setzen Sie die Wörter in Klammern in der passenden Form ein!

ÜBUNG 10

Les techniciens de la police scientifique s'affairent tout autour.

Depuis toujours, Sylvie se demande pourquoi les techniciens sont toujours aussi (1. grand) ________________. À chaque fois qu'elle les appelle, ils arrivent nombreux, leurs chaussures (2. emballé) ________________ dans des plastiques, leurs habits (3. recouvert) ________________ d'une *combinaison* en papier blanc avec une capuche dans laquelle ils font *disparaître* tous leurs (4. cheveu) ________________________. Leurs mains sont (5. recouvert) ____________________ de *gants* en plastique et ils sont (6. chargé) ____________________ comme des bourriques avec les appareils qu'ils apportent à chaque fois : les appareils photo, les valises de produits, les (7. pinceau) ____________________... Sylvie *fait signe* aux gens de leur laisser la place pour qu'ils fassent leur travail. Cela ne sert à rien de rester, cela les *gêne* dans leur travail.

Des techniciens *relèvent* les *empreintes* derrière et sur la scène, dans les *escaliers*. Partout où ils passent et, bien sûr, sur le *poignard*. Ils *ressemblent* à des *fourmis*, tous *penchés* sur les moindres détails du corps et de ce qui l'*entoure*.
« Pas besoin de demander qui a porté le coup de grâce. Tout le monde l'a vu », se dit Sylvie.
Elle reprend son *interrogatoire* :
« Vous êtes donc le fils de Panarido ?
– Oui, ou du moins son beau-fils. Ma mère s'est remariée après la mort de mon père. J'avais trois ans. Pour moi, il a toujours été mon père. D'autant plus qu'il m'a adopté.
– Et vous vous êtes souvent *disputés* ?

– Pourquoi demandez-vous ça ? Bien sûr, il y a toujours certaines tensions entre un père et un fils, mais rien d'*anormal*.
– Et votre mère ? S'entendait-elle toujours bien avec votre père ?
– Oh, vous savez, dans tous les *couples*, il y a des bons et des mauvais moments, ma mère et mon *beau-père* ne faisaient pas exception à la règle. Cela ne les *empêchait* pas d'être mariés depuis 24 ans déjà. Et de toujours former ce que j'appelle un *couple* heureux. Du moins à mon avis.
– J'en *conclus* que vous avez 27 ans. Est-ce bien cela ?
– Tout à fait.
– Quand avez-vous vu votre père pour la dernière fois ?
– Juste avant le début du *spectacle*. Une histoire de verre d'eau qui n'était pas à sa place. Je travaille ici comme homme à tout faire en quelque sorte. C'est moi qui *traîne* les câbles des projecteurs, qui déplace les objets d'un endroit à l'autre et qui répond aux *souhaits* particuliers des chanteurs. Mon père a l'habitude de boire un verre d'eau avant d'*entrer en scène*. Il a prétendu que je l'avais oublié. Rien d'*anormal*. Je lui ai montré où il était et tout est rentré dans l'ordre.
– Il n'a pas haussé la voix ?
– Vous savez, tous les chanteurs sont nerveux avant d'*entrer en scène*. Il est normal, dans de tels cas, qu'ils disent des choses qu'ils *regrettent* après. Je ne peux pas leur en vouloir pour ça. Ceux qui se vexent pour de telles choses n'ont pas besoin de faire ce métier.
– Donc, vous lui avez apporté le verre d'eau.
– Non, je lui ai simplement montré où il était posé dans sa loge. Ensuite, je suis sorti et j'ai été voir si tout était en ordre.
– C'est vous qui vous occupez des *accessoires* ?
– Oui, ça fait partie de mon travail.
– Donc, vous avez accès au *poignard*.
– Au faux *poignard*, certainement, oui. Mais celui qui est dans son

dos, je n'ai *aucune* idée d'où il peut provenir !
– Avez-vous *vérifié*, au début, si c'était le bon *poignard* ?
– Bien sûr, comme toujours. Et je n'ai rien *remarqué* d'*anormal*. »

Sylvie *fait signe* au technicien qui met le *poignard* dans un sac en plastique de le lui apporter.
« Avez-vous déjà vu ce *poignard* ?
– Difficile à dire. Il *ressemble énormément* au faux *poignard*. Je ne sais pas si je peux *distinguer* ce *poignard* du faux. Regardez, il a la même couleur, la même taille, la même épaisseur et même la forme du *manche* est exactement la même : *légèrement arrondi* et plus large à l'extrémité qu'à la base de la lame.
– Vous *remarquez* beaucoup de détails.
– C'est mon travail ! C'est à moi de *vérifier* si tous les *accessoires* et tous les *ustensiles* sont bien là, au complet, et si ce sont les bons. Mais là, je dois vous avouer que j'ai un doute. Un grand doute. Vous permettez ? »
Max Panarido fait un geste en direction du sac avec le *poignard* pour le prendre. Sylvie lui tend le sac.
« Tenez ! »
Max prend le sac et le soupèse de la main.
« Il me semble un petit peu plus lourd que le faux, mais un peu, un tout petit peu...
– Comment pouvez-vous en être aussi sûr ? Et d'ailleurs, où est l'autre *poignard* ? Le faux !
– Je ne sais pas. Lorsque Gérard est *entré en scène* avec le *poignard*, j'étais *persuadé* que c'était le vrai... Je veux dire par là le faux *poignard*. En tout cas, il n'est pas ou plus à sa place.
– Quelqu'un a donc fait l'*échange*. J'aimerais savoir quand. Avez-vous une idée ?
– Non, je ne vois vraiment pas quand cela a été possible ! Mais, je

ne sais pas non plus si c'était vraiment le faux *poignard* qui était sur la table. Je ne l'ai pas touché. Je l'ai simplement *observé*. Et ils sont très, très *ressemblants*. »

Jean, qui a suivi tout l'*interrogatoire*, demande à son tour :

« Monsieur Granjon, vous n'avez pas vu de différence ? Lorsque vous avez pris le *poignard* en main...

– Non, malheureusement non. Et croyez-moi, je *regrette énormément* de ne pas avoir fait suffisamment attention. Finalement, c'est de ma faute s'il est mort. »

Madame Panarido semble sortir de sa torpeur :

« Certainement pas ! Vous : un tueur ?! Je ne peux pas y croire.

– Pourquoi ne pouvez-vous pas y croire ? Y a-t-il une bonne raison à cela ?

– Monsieur Granjon est bien trop *serviable*, bien trop gentil et bien trop civilisé pour tuer quelqu'un.

– Vous pouvez me croire, toutes ces qualités n'*empêchent* pas le *meurtre* ! Mais c'est assez pour aujourd'hui. Allez vous reposer ! N'oubliez pas de laisser vos adresses à mon collègue, Jean Deschamps. »

Übung 11: Setzen Sie die Verben im Präsens ein!

1. Le coupable (être) ____________ dans l'opéra.

2. Mme Panarido ne (pouvoir) ____________ pas croire que son mari soit mort.

3. Mme Panarido pense que M. Granjon (être) ____________ incapable de tuer quelqu'un.

4. Probablement, un des acteurs (mentir) ____________

5. La soirée (avoir) ____________ mal fini.

6. Max (travailler) ____________ à l'opéra.

Chapitre 5 : Rapprochement

Pendant qu'ils sortent de l'opéra, Sylvie et Jean réfléchissent.

« Vous avez laissé partir Monsieur Granjon également, dit Jean. Moi, j'ai l'impression qu'il nous cache quelque chose. C'est vrai, avec sa fille malade, *perdre* le prix de son opération au jeu, c'est rageant. Il est en *colère*, contre lui-même surtout, mais dans un tel cas, qui est capable de *reconnaître* sa propre *erreur* ? Il est nettement plus commode de faire porter la *culpabilité* par une autre personne. Vous ne croyez pas ?

– Non, il est bien trop *honnête* pour ça. Vous avez *remarqué*, tout à l'heure, quand il a essayé de ne rien dire. Son oui et non... C'est typique des gens qui ne savent pas mentir. Il est bien trop *timide* aussi.

– Oh ! Méfiez-vous des gens *timides* ! Ils cachent souvent très bien leur jeu.

– Bien sûr. Mais avez-vous déjà vu un *timide* tuer pour de l'argent ? Non, là où ils *perdent* leur sang-froid, c'est lorsqu'il y a des sentiments en jeu... réfléchit Sylvie.

– Mais justement, à mon avis, les sentiments ici sont très forts, c'est une question de vie ou de mort ! Pour sa fille, qui plus est ! Il faut la *sauver* !

– Pourquoi de vie ou de mort ? Nous devons lui demander à la première occasion quel genre d'opération doit subir sa fille. Vous voyez : vous pensez à une opération pour la *sauver* de la mort et moi, je pense à de la *chirurgie esthétique*. Et cela nous donne des résultats très différents, évidemment.

– Pourquoi pensez-vous à la *chirurgie esthétique* ? demande Jean.
– Une opération vitale est certainement prise en charge par la sécurité sociale. De plus, il n'est pas mal payé et je suis sûre qu'il a une *assurance complémentaire* pour ce genre d'incident.
– Un point pour vous ! C'est vrai que s'il doit payer, c'est que ce n'est pas *remboursé* par la sécurité sociale. Vous avez probablement raison.
– Nous devons lui poser la question, c'est plus sûr. Avez-vous de quoi noter ?
– Dans ma voiture. Elle est là. »
Pendant que Jean ouvre sa voiture pour en sortir son carnet, Sylvie regarde par le pare-brise et *remarque* la *broderie* accrochée au *rétroviseur*. C'est un *flocon* de neige. Jean suit son regard. Il a l'*air gêné* quand il dit :
« Ne vous moquez pas. C'est mon passe-temps. J'ai été élevé par ma grand-mère car mes parents sont morts peu après ma naissance, dans un accident de voiture. Elle adorait la *broderie* et m'a appris à *broder* tout et n'importe quoi.
– Vous l'avez fait vous-même ?
– Oui.
– C'est incroyable !
– Mais je ne fais pas que ça, vous savez, je joue aussi au foot et je fais du *ski de fond*.
– Mais non, ne vous en faites pas... Ce n'est pas ce que vous croyez. Je trouve votre *flocon* de neige *formidable*. D'une précision, d'une finesse et d'un art que j'*admire*, au contraire ! Vous êtes très doué, bravo ! »
Jean rougit. Il ouvre la bouche pour dire quelque chose, puis la referme sans rien dire. Sylvie lui *sourit* :
« Un homme qui fait de la *broderie*, c'est aussi rare qu'une femme

qui fait de la boxe, comme moi. Alors, question étrangeté, nous sommes quittes. »

Ils rient de bon *cœur*. Puis Jean reprend son sérieux :

« Et qui est le *meurtrier* selon vous ?

– J'hésite. Simone Garden. Une *passion* qui n'est pas partagée est souvent dangereuse. De plus, prévoir un crime sans devoir l'accomplir soi-même, c'est le rêve des criminelles ! D'un autre côté, la femme de Panarido me paraît en faire trop. Vous voyez ce que je veux dire ?

– Oui. Ses éternels *sanglots*, ses *soupirs*... Du théâtre... ou pas, mais cela ne donne pas vraiment une impression d'authenticité. Mais le mobile ? Pourquoi ?

– À voir. Il nous faut encore faire des recherches dans ce sens. Je verrais bien un *meurtre* par *jalousie*. Il est bien possible que Panarido ait eu une *maîtresse*. Les hommes restent rarement avec une seule femme, surtout quand ils sont célèbres comme lui !

– Vous le trouvez beau ? »

Sylvie *sourit*.

« Moi, non. Mais j'en connais plus d'une qui ne *jure* que par lui ! C'est vrai qu'il a un certain charme. Mais je préfère les basses... »

Jean *sourit* à son tour.

« Je vous raccompagne ?

– Merci, mais ce n'est pas la peine. J'ai ma voiture juste à côté. On se retrouve demain au bureau.

– Vous commencez généralement à quelle heure ?

– Après une nuit pareille, pas avant 9 heures !

– Et bien rendez-vous demain à 9 heures, alors. Bonne nuit ! »

En allant jusqu'à sa voiture, Sylvie se dit qu'elle a hâte d'être à demain pour retrouver son collègue si sympathique. Finalement, c'était une soirée réussie !

Übung 12: Welche Bedeutung haben die folgenden Sätze? Kreuzen Sie an!

1. Ne vous en faites pas !
   a) ☐ Ne vous inquiétez pas !
   b) ☐ Ne vous énervez pas !

2. Ce n'est pas la peine.
   a) ☐ Ce n'est pas difficile.
   b) ☐ C'est inutile, ça ne sert à rien.

3. Nous sommes quittes.
   a) ☐ Nous sommes à égalité.
   b) ☐ Nous sommes pareils, nous nous ressemblons.

4. C'est mon passe-temps.
   a) ☐ C'est mon grand défaut.
   b) ☐ C'est ma passion.

5. Il a perdu son sang-froid.
   a) ☐ Il a perdu le contrôle de lui-même.
   b) ☐ Il a perdu le contrôle de la situation.

6. Elle ne jure que par lui.
   a) ☐ Elle obéit à tous ses ordres.
   b) ☐ Elle l'admire et le considère comme une idole.

7. Elle a hâte d'être à demain.
   a) ☐ Elle voudrait déjà être à demain.
   b) ☐ Elle n'a pas envie d'être à demain.

Chapitre 6 : Première journée de travail

Sylvie monte les *escaliers* jusqu'au troisième étage. Elle suit le grand *couloir*, dit bonjour avec un grand *sourire* aux collègues qu'elle rencontre en chemin et s'arrête devant la troisième porte à droite. Un *panneau* est fixé à côté de la porte : SYLVIE MONGIN, commissaire. « Il va falloir y inscrire son nom aussi », se dit-elle en ouvrant la porte. La première chose qu'elle *remarque*, c'est le *bouquet* de roses de toutes les couleurs, *disposées* savamment dans un vase en porcelaine blanche, lui-même posé sur un joli napperon *brodé*. Le tout sur son bureau. Une *odeur* de café fraîchement moulu lui monte au nez. Quelle bonne *surprise* !

– Bonjour ! Café ou thé ?

– Bonjour ! Volontiers un café ! Vous *êtes* toujours si *matinal* ?

– Ce n'est pas difficile, j'ai moins de chemin à faire que vous ! »

Jean lui sert un café et lui propose du sucre.

« Non merci, je le bois sans rien. »

Sylvie s'*assoit* à son bureau.

« Et moi qui voulais vous *souhaiter* la bienvenue ! Je vois que vous avez déjà trouvé l'essentiel... Bon, au travail !

– J'ai déjà entré dans l'ordinateur toutes les adresses et numéros de téléphone des *acteurs* et chanteurs d'hier.

– Bravo, bon travail !

– Vous avez entendu la radio ce matin ? veut savoir Jean.

– Non, je préfère être au calme pendant que je prends mon petit-déjeuner. Pourquoi ?

– Ils ont passé sur toutes les antennes la nouvelle de la mort de Panarido. Et pratiquement toutes l'ont accompagnée de sa nouvelle chanson.

– Quelle chanson ? demande Sylvie, *surprise*.

– Je ne le savais pas moi non plus, mais il *composait* des chansons ;

or la dernière vient d'avoir un *succès bœuf* !
– À *approfondir*. Mais nous allons d'abord aller voir monsieur Granjon. Je vous propose ensuite de faire une visite *surprise* à madame Panarido et à son fils.
– Dois-je appeler monsieur Granjon pour le *prévenir* de notre arrivée ?
– Pour cette fois-ci, oui, c'est préférable. Si cela ne vous ennuie pas, prenons votre voiture.
– Avec plaisir. »

Dans le salon de monsieur Granjon, Sylvie et Jean sont étonnés de voir une pièce si bien rangée, malgré les nombreux *bibelots*. Pas une seule *trace* de *poussière*, pas une tache, à croire que les personnes qui vivent ici ne font que le *ménage* pendant toute la journée. Madame Granjon leur apporte un verre d'eau.
« Mon mari n'est pas encore là. Il aime se promener avec le chien, tous les matins pendant au moins une heure. Mais il ne va pas tarder. Il va arriver d'un moment à l'autre, il est déjà parti il y a presque une heure. Ce qui s'est passé hier à l'opéra l'a beaucoup choqué. Il n'a pratiquement pas dormi cette nuit. Il s'est retourné sans arrêt, il n'arrivait pas à trouver le *sommeil*. C'est quand même inouï de planifier un *meurtre* et de le faire accomplir par une personne *innocente* !
– Madame Granjon, vous avez une fille. Est-elle malade ?
– Non, pourquoi ?
– Votre mari nous a dit que sa fille devait subir une opération importante. Une opération qui coûte 20 000 €. Cela vous dit quelque chose ?
– Et moi qui pensais ne plus en entendre parler. Incroyable ! Il ne peut vraiment rien lui refuser !
– Pouvez-vous nous dire de quoi il s'agit ?

– Des histoires de gamine. Des bêtises. Vous savez, le genre de choses qu'on oublie, une fois adulte, mais qui, pendant la puberté, ne vous laissent pas *tranquille*. Le genre de choses qu'on est bien content de ne pas avoir faites, une fois qu'on est adulte.

– Et quoi, exactement ?

– Ma fille est *persuadée* d'être laide. Elle veut absolument se faire ‹ réparer ›, comme elle dit, par un chirurgien : se faire mincir le nez et le *relever*, se faire épaissir les lèvres, se faire enlever un double menton qu'elle n'a pas, se faire agrandir la *poitrine* et affiner la taille et faire *disparaître* ses prétendues rides. Bref, elle s'est mis dans la tête de *réunir* très rapidement 20 000 euros pour toutes ces opérations, qui - à mon avis - n'ont *aucun* sens, mais alors *aucun* !

– Donc, rien de grave en fait.

– Si ce n'est le caractère de mon mari. Il lui passe tout ! Il va finir par la *gâter*. Il est prêt à tout pour sa fille ! Enfin... presque. Je ne peux vraiment pas imaginer qu'il tue...

– Savez-vous s'il s'entendait bien avec monsieur Panarido ?

– Panarido était un ami. Nos familles, mes parents et les siens, sont des amis de toujours. Nous nous sommes connus dès notre toute petite enfance. Je sais, il n'avait pas un caractère facile. Mais c'est parce qu'il était entier. Il disait toujours ce qu'il voulait faire et faisait toujours ce qu'il disait. Sauf pour mon mari.

– Pourquoi ?

– Voyez, mon mari... Mon mari a un petit *défaut*. Il aime jouer. Parfois même trop jouer... J'avais demandé à Alb (c'est comme cela que je l'appelais depuis toujours) de me donner un coup de main et de lui donner une leçon. Alb est un très bon joueur de poker. Ou du moins, il l'était. Il devait laisser gagner mon mari et ensuite lui faire *perdre* une très grosse somme. Bien sûr, il n'avait nullement l'intention de réclamer l'argent à mon mari. Il ne l'avait fait que pour l'aider à *reconnaître* que le jeu n'est pas une bonne chose. C'est moi qui ai eu l'idée des 20 000 euros. Je savais que c'était la somme réclamée par notre fille pour les opérations. Cela pouvait lui faire très peur. Et, avec un peu de chance, le *soigner...* »

Übung 13: Wie lauten die Wörter auf Französisch?

ÜBUNG 13 !

1. Computer ____________________
2. Lied ____________________
3. Besuch ____________________
4. erwachsen ____________________
5. Fleck ____________________
6. Kindheit ____________________
7. Falte ____________________

En s'*asseyant* dans la voiture, Jean ne peut s'*empêcher* de penser tout haut :
« Et s'il l'a tué vraiment ? Quel gâchis ! »

La maison de Panarido est en *banlieue*. Une *banlieue* chic. Derrière la maison, un jardin peuplé d'arbres fruitiers et de roses. Elle a également une petite terrasse qui donne sur une petite cour, côté rue. Le grillage est haut, mais on voit un peu à travers. Suffisamment pour voir une silhouette *accroupie* au milieu de la cour, le dos tourné au *portail*. Sylvie actionne la cloche. La silhouette se relève d'un mouvement rapide. Elle *reconnaît* le fils de Panarido, Max. Instinctivement, elle regarde en direction de l'endroit où il était *accroupi*. Rien qu'une *bouche d'égout*.

« Bonjour. Votre mère est là ?

– Oui. Vous voulez la voir ?

– Nous voulons vous poser des questions, à tous les deux.

– Mais elle ne va pas très bien, le choc, vous comprenez.

– Bien sûr. Mais nous ne pouvons pas faire autrement. Il faut en passer par là. »

Max leur *fait signe* de le suivre. Il monte les *escaliers* qui longent la terrasse et ouvre la porte d'entrée.

« Maman. C'est la police ! Ils veulent encore t'*interroger*.

– Vous aussi. Nous voulons vous *interroger*.

– Ah bon, moi aussi ? Je ne sais pas si je peux vous aider. Je vous ai déjà tout dit hier...

– Ne croyez pas cela. C'est fou le nombre de détails qui reviennent après coup, vous allez voir... »

Madame Panarido fait son apparition.

« Max, fais-les entrer dans le petit salon.

– Si vous voulez bien me suivre. »

Tout ce qu'ils voient de la maison est exceptionnel. Tous les meubles sont *anciens*, les *cheminées* en *marbre*, les *tapisseries* aux murs, les parquets *impeccablement cirés*...

Au *loin*, on entend une radio. Max pâlit. Sa mère s'adresse à Sylvie :

« Pardonnez ce bruit, mais Max laisse souvent sa radio allumée, même lorsqu'il ne l'*écoute* pas. »

Jean a *reconnu* la mélodie.

« Ah, c'est la chanson de votre père ! »

Max commence d'un seul coup à *tousser*. La *toux* ne s'arrête pas. Comme lorsqu'on s'*étrangle*. Madame Panarido s'est approchée de lui.

« Vous en êtes sûr ? Je ne la *reconnais* pas.

– Ce n'est pas grave. Madame, pouvez-vous nous dire si votre mari avait des *ennemis* ?
– Je ne lui en connais pas.
– Vous travaillez ?
– Non, je m'occupe de la maison, des repas, de mon fils, et je fais du *bénévolat*.
– Et votre fils, quand il n'est pas homme à tout faire ? »
Max préfère répondre lui-même.
« Je suis musicien. Plus exactement *compositeur*.
– Vous avez donc suivi les *traces* de votre *beau-père* ?
– Pas vraiment, ce n'est pas le même genre de musique du tout.
– Ah bon ? Quel genre de musique *composez*-vous ?
– Je fais du moderne.
– Mais ce que nous avons entendu de votre père à la radio est aussi du moderne. »
Max s'*étrangle* à nouveau. Sa mère intervient :
« Max a attrapé froid. Il n'arrête pas de *tousser* et d'éternuer. Son père *a composé* lui aussi des chansons plus ‹ modernes ›. Au début surtout des sortes d'*airs* d'opéra améliorés. Puis un jour, il a eu une inspiration différente et s'est mis à faire de la musique pop. Depuis, ça marche. Il a été – en quelque sorte – arrêté dans son élan.
– Est-ce que quelqu'un lui en voulait d'avoir autant de succès ?
– Non. Qui selon vous ? Je ne crois vraiment pas. Vous faites fausse route à mon avis. »
Max marmonne quelque chose du genre « travail » et *disparaît* sans demander son reste. On entend claquer une porte au *rez-de-chaussée*.

Une fois qu'ils sont sortis de la maison, la porte d'entrée refermée derrière eux, Sylvie s'arrête pour renouer son lacet. À ce moment, ils entendent une porte s'ouvrir avec violence, puis une grande *dispute*. Ils ne comprennent que quelques mots : « musique, ma musique, plagiat... »

ÜBUNG 14 !

Übung 14: Fügen Sie die passende Präposition ein!
(à, de, aux, dans)

Jean *sourit* d'un coup :

« Plagiat ? Et si le père volait (1.) ________ son fils une chanson (2.) ________ succès ?

– C'est exactement la question que je viens (3.) ________ me poser ! Mais oui ! Bien sûr ! »

Sylvie se précipite au milieu de la cour et soulève le couvercle de la *bouche d'égout*. Elle se relève, un grand *sourire* (4.) ________ lèvres.

« C'est gagné ! » Elle sort un sac en plastique (5.) ________ sa poche et plonge la main *entourée* du sac (6.) ________ la *bouche d'égout* pour en *retirer* un *poignard*. Un faux.

Jean aperçoit alors Max à la fenêtre et le voit partir en courant. Il s'ensuit une course poursuite entre les deux hommes. Sylvie appelle des *renforts*. Finalement, Jean rattrape Max et l'arrête.
L'*interrogatoire* donne tous les résultats voulus : Max ne s'entendait pas du tout avec son *beau-père*. Il faisait semblant tout au moins de l'*apprécier*, pour sa mère. Jusqu'au jour où il a entendu une chanson qu'il venait de *composer* à la radio et qui était attri-

buée à son père. Il s'est alors rendu compte que son père, non content d'avoir un nom célèbre, lui volait ses thèmes et ses chansons et les plaçait dans des *émissions* de radio et de télévision. Uniquement pour le plaisir d'être encore plus célèbre. Il n'avait pas de musique à succès qui lui était propre.

Cela faisait longtemps déjà que le fils ne supportait plus son *beau-père*. Et le coup de la chanson volée l'avait rendu furieux. Comme c'est lui qui s'occupait du matériel de l'opéra, c'était facile pour lui de faire l'*échange* des couteaux. Il avait acheté les deux couteaux à un collectionneur de paires de choses vraies/fausses et avait tout simplement *remplacé* l'un par l'autre, bien avant la représentation. Alors qu'il était tout seul.

Übung 15: Lesen Sie die Definitionen und schreiben Sie die gesuchten Wörter auf!

1. ustensile de cuisine destiné à couper les aliments

____

2. vêtement d'homme composé d'un pantalon et d'une chemise

____

2. fête où l'on danse

____

3. vêtement que l'on porte autour du cou

____

4. qui ne coûte rien

____

Comme l'affaire a été rapidement réglée, le succès est également grand pour nos deux enquêteurs. Après les félicitations du préfet de police, l'opéra les invite à revenir – gratuitement cette fois – pour voir « Un bal masqué » jusqu'au bout. Sylvie a préféré cette fois une robe *légère* de couleur violette (il paraît que c'est *attirant*...). Elle arrive devant l'immeuble de Jean, se *gare* et sonne à sa porte. Elle l'entend ouvrir la porte et dévaler les *escaliers* à toute vitesse. Jean porte un costume bleu roi et une écharpe... violette ! Lorsqu'ils montent dans la voiture de Sylvie, il lui demande :

« Qu'est-ce qu'on fait ce soir, s'il y a un nouveau *meurtre* sur scène ?

– On *file à l'anglaise* ! »

Le moteur de la voiture qui démarre couvre à peine leurs *éclats de rire*.

LE SUICIDE

Rosemary Luksch

Chapitre 1 : Découverte dans le parc

Annie Deschamps sort avec difficulté de son vieux *fauteuil*. Son meilleur ami, Chef, un gros chien de *race briarde* est couché à ses pieds. Il s'ennuie. Il se dit : « Ça y est, le reportage est fini ! Il était temps ! »
Vous serez peut-être *surpris*, mais Annie lit toutes les pensées de son chien. C'est comme de la télépathie entre les deux amis.
« Oui, tu as raison, je sais. Viens, Chef, viens-là mon chien ! On va faire un tour ! Attends, il faut d'abord mettre ton *collier*... Voilà ! Tu es un brave chien ! »

Chef connaît le chemin. Il court devant, le nez à terre.
Lys-les-Mines est une ville qui n'est pas grande, mais qui a la chance de posséder un parc immense, une *ancienne carrière de calcaire entourée* d'une zone naturelle protégée. Annie prend toujours le même chemin. Ils passent près de l'*étang* où nagent les *canards*. Chef aimerait les attraper, mais Annie le lui interdit.
« Non, Chef ! Pas les *canards* ! Tu ne chasses pas les *canards*, c'est compris ! »
Puis les deux amis passent le long de la *voie ferrée*. Le train fait tous les jours l'aller et retour entre les deux villes voisines. Il transporte surtout les élèves qui vont au collège ou au lycée.
Brusquement, Chef *flaire* une *odeur* et suit la *piste*. Il va de plus en plus vite et *disparaît* dans les buissons.
« Chef, reviens ! Cheeeeef ! »
Annie l'a suivi, l'attrape par le *collier* et tire.

« Chef, viens là ! Qu'est-ce que tu as trouvé ? »
Le chien a trouvé un vieux sandwich. Il regarde Annie pour obtenir la *permission* de le manger. Celle-ci a *dressé* son chien à ne pas manger ce qu'il trouve et à ne rien accepter d'un étranger. On ne sait jamais. Il rapporte ce qu'il trouve comme un chien de *chasse*.
« Il ne faut pas manger ça ! Tu le sais bien. Je te donnerai une *tartine* de *pâté* à la maison ! »
« *Pâté* ! » Chef *dresse l'oreille*. Ce mot-là, il connaît !
Annie le *prend en laisse* et veut l'*entraîner*. À cet instant, elle voit quelque chose à côté du sandwich sous le buisson.
Elle s'approche.
« Qu'est-ce que c'est que ça ? Oh, un sac ! Regarde, Chef, c'est un sac d'école ! Qu'est-ce qu'il fait là ? Je me demande s'il est vide. Il y a peut-être un nom ou une adresse dedans. »
Puis une idée lui vient : « Un sac d'école ici, dans cet endroit isolé, ce n'est pas normal ! Et s'il s'agissait d'un crime ? S'il y avait des *traces* ou des *empreintes* ? »
Dans les romans et dans les films policiers, on apprend qu'il ne faut jamais toucher aux *indices*.
« Viens, mon chien ! On va signaler ça à la police ! C'est plus sûr ! »
Chef connaît aussi très bien le mot « police ». Le mot « police », c'est l'*aventure*. Il adore l'*aventure* !

Annie part rapidement et réfléchit : « Que vais-je dire aux policiers ? »
On est au mois de mai, en fin d'après-midi et il a fait beau toute la journée. Il y a quelques promeneurs maintenant avec des chiens, des enfants. Il y a aussi des joggeurs dans le parc.
Annie et Chef n'habitent pas *loin*. En quelques minutes, ils arrivent à la maison. Annie attrape les clés de sa vieille Renault et ouvre le

coffre du *break* pour que le chien y monte. Le *poste de police* se trouve de l'autre côté de la ville.

Übung 1: Finden Sie die Synonyme und setzen Sie die richtige Ziffer ein!

ÜBUNG 1

1. ami	☐ journée
2. chemin	☐ copain
3. beaucoup aimer	☐ histoire
4. réfléchir	☐ adorer
5. roman	☐ penser
6. jour	☐ route

« Écoutez, Annie ! dit le gros policier à qui elle vient de raconter l'histoire du sac. Vous n'allez pas recommencer, *hein* ?! »
Annie et le policier se connaissent depuis longtemps. Chaque fois qu'elle arrive au *poste de police*, il aimerait pouvoir se cacher pour ne pas entendre ses histoires. Il pense qu'elle voit des criminels partout. Annie sait qu'elle a souvent eu tort, mais cette fois-ci elle est sûre d'elle et elle veut qu'il l'écoute :
« Mais si, Jacques ! Je vous dis que quelqu'un a jeté un sac d'école dans les buissons, près de la *voie ferrée* ! Et moi, je ne trouve pas ça normal ! »
Jacques Gontrand n'a pas envie de s'occuper d'elle. Il a vraiment autre chose à faire.
« Il y a des gens qui travaillent, vous savez ! Maintenant, moi aussi j'aimerais finir mon travail. Et si vous vous ennuyez...
– Mais je ne m'ennuie pas !
– Non, c'est vrai, vous énervez les autres avec vos histoires... Quand vous êtes là, on ne peut plus travailler !

– Alors, vous ne voulez pas aller voir le sac près de la *voie ferrée*?
– Non, non et non ! J'ai autre chose à faire ! »
Maintenant, Jacques Gontrand crie... Les autres personnes dans le *poste de police* se retournent, *surpris*. Annie est rouge de *colère* :
« Alors vous me *permettez* de prendre le sac ? Je ne *détruis* pas d'*indices* si j'y touche ?
– Mais quels *indices*, ma pauvre Annie... Il n'y a pas d'*indices* ! Il n'y a pas de crime ! Il y a seulement un vieux sac dans un buisson. On ne recherche personne. Personne n'a *disparu*. Alors ! Laissez-moi travailler !
– Bon, vous le *regretterez* !
– C'est ça, c'est ça, à la prochaine fois, Annie ! Ou plutôt adieu ! »

! ÜBUNG 2

Übung 2: Setzen Sie das passende Adjektiv ein!
(content, seule, grand, interdit, furieuse, bizarres)

Annie sort. Elle est (1.) ______________, mais au moins, maintenant elle peut aller chercher le sac. Elle *découvrira* bien à qui il *appartient*.

Quand elle monte dans la voiture, elle dit à Chef : « Ce policier est *incompétent* ! »

Elle gare sa Renault juste devant l'entrée du parc, là où c'est (2.) ______________.

« Chef, viens avec moi. Je n'aime pas beaucoup aller (3.) ______________ dans le parc, le soir... Il y a des individus (4.) ______________ qui s'y promènent. »

Elle a un peu peur, mais Chef est (5.) ______________ :

« Une deuxième promenade ! C'est mon (6.) ______________ jour de chance, aujourd'hui ! » et il part le nez à terre.

Les deux amis reprennent le même chemin et retrouvent le sac sous le buisson où ils l'avaient laissé.
Sur le chemin du retour, ils croisent un jeune à *mobylette* qui se dirige vers la grande *carrière de calcaire*, *tout au fond* du parc. Annie s'arrête pour le laisser passer. Le jeune se retourne et la regarde fixement, si bien qu'il tombe presque avec sa *mobylette*. Annie pense : « Qu'est-ce qu'il fixe comme ça ? Nous ou le sac ? » Chef *gronde*. Ce type à *mobylette* ne lui plaît pas.
« Chut, Chef ! »
Annie est quand même un peu inquiète et se dépêche de rentrer.
Il fait déjà presque nuit quand ils arrivent à la maison.
Annie *vide* immédiatement le sac sur la table de la cuisine. C'est un *sac à dos* comme les jeunes portent pour aller au collège. Chef la regarde faire, couché devant l'entrée de la cuisine avec un *air* de *reproche* : « Tu m'avais promis une *tartine* de *pâté* ! » pense-t-il.
Du sac sortent un cahier et une *trousse* ... Voilà, c'est déjà tout. Pas de nom, pas d'adresse, rien sur le *propriétaire*. Annie est *déçue*.
« Il n'y a rien d'intéressant dedans. Bon, et bien on verra ça demain. Je sais, Chef, tu as faim et moi aussi. »
Elle range à nouveau les affaires dans le sac et elle le dépose dans la salle de bains parce qu'il est sale. Elle regarde la *pendule* au mur. Il est presque neuf heures du soir.
« Ça va être l'heure de mon film policier ! Viens vite, on se fait quelque chose à manger ! »
Annie se dépêche de sortir les croquettes du chien et dépose une *tartine* au *pâté* par-dessus :

« Voilà. *Chose promise, chose due* ! *Régale*-toi ! »
Et pour elle-même, elle sort la baguette, un peu de salade et le camembert. Elle se sert un petit verre de vin et installe le plateau sur la table du salon. Elle prend place dans son *fauteuil* préféré et allume la télévision juste à temps pour voir le début du film.

Chapitre 2 : Le mystère du sac

Annie a passé une mauvaise nuit. Elle a rêvé de policiers et de sac *perdu* qu'il fallait absolument retrouver. Elle ouvre les yeux et se trouve nez à nez avec une grosse *truffe* noire : Chef veut sortir.
« Bon, Chef, d'accord, je me lève. »
Elle lui ouvre la porte du jardin. Elle repense au sac.
« Non, pas maintenant ! Plus tard ! D'abord le petit-déjeuner ! »
Un thé, du pain, du beurre, de la confiture, une pomme et voilà ! Au bout d'une demi-heure, elle a terminé son petit-déjeuner.
Et maintenant le sac ! Chef est rentré de son tour dans le jardin, où il a salué les arbres à sa manière. Le jardin est assez grand. Il s'*étend* sur le côté de la maison, le chien peut ainsi aller jusqu'à la rue sans pour autant sortir. Parfois il aboie pour saluer un collègue qui passe. Annie pose à nouveau le sac sur la table.
« Il y a peut-être quelque chose que je n'ai pas vu hier », dit-elle.
Chef a repris sa position *stratégique* au milieu du *couloir* qu'il faut traverser pour aller de la porte d'entrée à celle du jardin en passant devant le salon et la cuisine. De là, il observe toute la maison.
Annie sort les affaires une à une, examine chaque page du cahier : un poème, des exercices de maths, des *caricatures* de professeurs.
Elle inspecte l'*intérieur* du sac. Elle cherche un nom, une information. Rien. Elle passe la main dedans, et là, *tout au fond* du sac, elle sent un petit morceau de carton qui *dépasse*. Elle tire.

« Tiens, une photo ! »
Une jeune fille *sourit* sur la photo. Elle a dix-sept ans environ, brune, les cheveux frisés et de grands yeux *marron*.
« Vraiment très jolie ! » dit Annie.
Elle *retourne* la photo et lit : « Yasmine ». Un grand *cœur* est dessiné en rouge à côté du nom.
« Ah, ce sac *appartient* à un garçon... à un garçon amoureux d'une certaine Yasmine, à mon avis. »
Annie lit le poème intitulé « À Yasmine ».

Le vent de la mort
souffle sur ma vie...
Ne serais-je pour toi
qu'un pauvre souvenir ?
Que serais-je sans toi ?

*Übung 3: Lesen Sie weiter und unterstreichen Sie sieben Wörter, die sich auf „**roman**" reimen!*

! ÜBUNG 3

« Oh, mais il est *drôlement* amoureux ! Et romantique avec ça ! Pourquoi est-ce qu'il se demande si Yasmine l'aime encore ? Un amoureux *déçu* ? »
Elle est un peu *gênée* de lire le poème, mais elle désire connaître un peu mieux ce garçon car elle est sûre qu'il n'a pas jeté son sac dans les buissons. Quand on ne veut plus d'un sac, on le *vide* avant de le jeter.
Puis brusquement, Annie a une idée.
« Je ne sais rien du jeune homme, mais je connais sa copine avec cette photo ! »
Elle a repris la photo et *regarde* la jeune fille *droit dans les yeux* :
« Si je te retrouve, Yasmine, tu me *mèneras* au *propriétaire* du sac,

n'est-ce pas ? Je vais montrer ta photo aux gens que je connais. »
Chef regarde sa *maîtresse* qui discute avec la photo. Annie se tourne vers le chien :
« Et toi, tu te demandes pourquoi je parle avec une photo ! »
Elle va vers lui et lui donne une grosse *caresse* sur la tête.
« Allez viens, il est temps de faire notre tour dans le parc. »

Avant de sortir, Annie glisse la photo dans sa poche. On ne sait jamais ! Chef s'énerve et tourne en rond, comme toujours quand ils partent en promenade.
Annie marche. Elle est *perdue* dans ses pensées. Une voix d'homme la *surprend* :
« Eh ! Chef ! Oui, c'est ça. Tu es un bon chien ! »
Annie lève la tête. Chef est en train de *faire la fête à* un homme qu'elle *reconnaît* aussitôt : Cloclo avec sa voiture d'enfant qu'il promène à travers le parc.
« Ah, c'est vous, Cloclo ! »
Tout le monde l'appelle Cloclo parce qu'il chante toujours de vieilles chansons de Claude François. En fait, personne ne connaît son vrai nom. Le *clochard* vit seul dans un endroit isolé du parc, une vieille ruine qui lui sert d'abri. Comme il ne gêne personne, les policiers le laissent faire. Le *clochard* cherche dans sa voiture d'enfant et appelle le chien :
« Tiens, un morceau de *saucisson* ! »
Chef adore Cloclo. Il a toujours une *surprise* pour lui. Il prend le morceau de *saucisson* et le dépose aux pieds d'Annie. Celle-ci le prend et le lui redonne. « Tu peux manger, Cloclo est un ami. »
Cloclo *remarque* :
« Je n'ai encore jamais vu un chien qui n'acceptait pas la nourriture !
– Question d'*éducation* ! Les chiens de *chasse* rapportent aussi le *gibier* à leur maître.

– Oui, c'est vrai. Il y a même des chiens qui rapportent des *truffes* ! Vous faites votre tour ?
– Oui, comme tous les jours. Il faut bien, pour le chien. »
Annie n'a jamais osé demander à Cloclo comment et pourquoi il était devenu *clochard*, mais elle a *remarqué* qu'il ne manquait pas de culture. Elle ne l'a jamais vu boire ou mal se *comporter*.
« C'est bon pour les bêtes, et c'est bon pour les gens d'être dehors, surtout en cette saison, dit Cloclo. C'est comme au paradis !
– Oui, vous avez raison. Nous aussi, on aime le printemps. Bon, allez, on continue notre promenade, au rev... »
Annie ne termine pas sa phrase. Un bruit terrible de moteurs les *surprend* et un groupe de jeunes à *mobylettes* apparaît sur le chemin. En quelques secondes, le paradis s'est transformé en *enfer*. Les jeunes passent à toute vitesse près d'Annie et du *clochard* qui doivent *sauter* sur le côté pour les laisser passer. Puis ils font demi-tour et reviennent vers eux. Ils leur passent presque sur les pieds avec leurs *mobylettes*. Le chef de la bande crie :
« Poussez-vous de là ! Vous n'avez rien à *foutre* sur ce chemin ! »
Chef est furieux et essaie de *mordre* un des jeunes au pied. Mais celui-ci lui donne un grand coup de pied à la tête. Chef *hurle* de *douleur*. Un des jeunes *renverse* la voiture d'enfant et toutes les affaires de Cloclo se retrouvent par terre. Les autres passent l'un après l'autre par-dessus ses affaires avec leurs *mobylettes*. Puis ils *disparaissent* en direction de la *carrière* en leur lançant des *injures* et en riant. Le chef de la bande fait un dernier tour autour d'eux. Avant de *disparaître*, il crie :
« Toi, le *clochard* ! Un de ces jours, on te *fera la peau* ! Les *clochards*, c'est des parasites et nous, on déteste les parasites ! »
Cloclo est en *colère*. Il lève le *poing* mais ne peut rien faire. Chef, qui est *remis de* sa *douleur*, court derrière la *mobylette* et aboie furieusement. Puis il revient, la tête haute.

« Ceux-là, ce sont de vrais *voyous* ! déclare Cloclo. Puis il se *renseigne* : Ça va, madame Annie, vous n'avez rien ?
– Non, non, ne vous inquiétez pas ! Mais regardez vos affaires ! Ils ont tout *écrasé* ! »
Elle l'aide à remettre la voiture d'enfant debout et à *sauver* ce qu'on peut encore *sauver*. Cloclo déclare :
« Ils se retrouvent dans l'*ancienne carrière*, ils prennent de la drogue et boivent de l'alcool. Un jour, ça tournera mal ! »

ÜBUNG 4 !

Übung 4: Setzen Sie die passenden Verben ein!
(écouter, lire, prendre, faire, poser, aimer, partir)

1. ______________________ un livre
2. ______________________ la cuisine
3. ______________________ la radio
4. ______________________ le train
5. ______________________ une question
6. ______________________ en vacances
7. ______________________ les chansons françaises

Annie a déjà entendu parler du « Gang », une bande de jeunes de seize à dix-huit ans, sans *scrupules*, qui passent leur temps à agresser les gens. Elle dit :
« Je ne vais jamais du côté de l'*ancienne carrière*. Je n'ai pas envie de les rencontrer. »
Annie et Chef veulent continuer leur promenade, mais brusquement, Annie pense à la photo.

« Ah, Cloclo, j'y pense. Hier, j'ai trouvé un sac *perdu* dans les buissons du côté de la *voie ferrée*. Je cherche son *propriétaire*. Ma seule information est cette photo. Je crois que c'est sa copine. Regardez, elle vous rappelle quelqu'un ? »
Cloclo examine la photo :
« Ah, mais oui ! J'ai souvent vu les deux petits jeunes qui allaient main dans la main du côté du pont.
– Du côté du pont ?
– Oui. Les amoureux s'y donnent rendez-vous. Il y a de jolis petits coins avec un *sentier* qui passe dessous, à travers les *rochers*. Autrefois, les camions passaient dessus pour transporter le calcaire. Maintenant, le coin est plus romantique, mais le grand pont est toujours là.
– Et Yasmine et son copain se retrouvent là ?
– Ils s'y retrouvaient. Ils étaient vraiment très amoureux, un joli petit *couple*. Quel *dommage*... »
Annie le regarde, *surprise*.
« Qu'est-ce qui est *dommage* ? Ils se sont séparés ?
– Vous ne vous souvenez pas ? Le jeune qui s'est suicidé, il y a quinze jours ? Il s'appelait Jérôme. »
Annie se souvient vaguement. Il y avait un court article dans le journal à ce propos.
« Ah, c'était lui ?
– Les policiers ont dit qu'il était dépressif.
– Et vous les croyez ?
– Je ne sais pas. La dernière fois que je l'ai vu avec sa copine, il n'avait pas l'*air* malheureux !
– De toute façon, ça n'explique pas le sac dans les buissons, si *loin* de l'endroit où il s'est suicidé...
– Là, vous avez raison.
– Je vais essayer de le rapporter à ses parents. Il y a un poème

du jeune homme, euh... de Jérôme dans son cahier. Ils voudront certainement le garder. Mais je ne connais pas leur nom. Dans le journal, on ne donne pas ce genre d'informations.
– Allez donc à la gare ! »
Annie regarde Cloclo, très *surprise*.
« Pourquoi à la gare ?
– Pour trouver Yasmine. Les élèves arrivent tous par le train en fin de journée et ils attendent leur bus au café de la gare. C'est un *lieu* de rendez-vous.
– Ah, mais vous êtes fantastique ! »
Chef, couché au milieu de l'allée, attend la fin de cette conversation trop longue à son goût. « Et mes *canards*, alors ? » pense-t-il.
Annie le regarde et *sourit* :
« Oui, Chef, je sais. On y va. Au revoir, Cloclo ! Merci pour la bonne idée.
– Au revoir, Madame Annie. Je vous verrai peut-être demain. Bonne *chasse* !
– Oui, à demain. Certainement. »
Chef a compris le signal du départ. Il a déjà pris de l'*avance* en direction de l'*étang* aux *canards*. Annie lui crie :
« Chef, attends-moi ! »

ÜBUNG 5 !

Übung 5: Wie lautet das Lösungswort?

1. Il ... une lettre à ses parents ☐ _ _ _ _
2. Il ne manque personne, ils sont ... là ! ☐ _ _ _
3. Un synonyme du nom « fabrique » ☐ _ _ _ _
4. Treize moins un, cela fait ... ☐ _ _ _ _
5. Ce n'est pas permis, c'est ... ☐ _ _ _ _ _ _ _ _
6. Ne pars pas sans moi. ...-moi ! ☐ _ _ _ _ _ _

7. Son ..., c'est « Cloclo » ☐ _ _
8. ... est le contraire de chercher ☐ _ _ _ _ _ _

Lösungswort: Le sac appartient à un _ _ _ _ _ _ _ _

Chapitre 3 : Suicide ou pas suicide ? Voilà la question.

Annie et son chien arrivent sur la place de la gare avant l'arrivée du train. Annie s'approche de l'arrêt de bus et lit les horaires de départ. Elle dit :
« On a un peu de temps. Le premier bus part dans trois quarts d'heure seulement. »
Les deux amis se dirigent vers le café de la gare et s'installent à la terrasse. Le garçon arrive. Annie passe sa *commande* :
« Un Vittel menthe, s'il vous plaît.
– Tout de suite. »
Il revient quelques instants plus tard et pose la boisson verte devant elle. Elle lui dit :
« Je cherche une jeune fille. Je ne connais que son prénom, Yasmine. J'ai une photo d'elle. Est-ce que vous la connaissez ? »
Elle montre la photo au garçon.
« Oui, je la connais *de vue*. Elle est mignonne. Elle a pas mal de *galants*, d'ailleurs !
– Ah bon ! Elle a plusieurs copains ?
– Non, je ne veux pas dire ça. En fait, ces derniers temps, elle était toujours avec le même. Vous savez, celui qui s'est suicidé. »
Annie fait oui de la tête.
« Depuis, je la vois toujours seule ou avec une copine. Mais il y a trois semaines, son copain – je crois qu'il s'appelait Jérôme – s'est battu pour elle.

– Ah, il était agressif comme ça ?

– Non, pas lui, l'autre, le *rouquin*, comme ils l'appellent. C'est un étudiant aussi. Il attendait Yasmine à la sortie du café. Ils se sont disputés et il a commencé à la bousculer. Son copain a voulu la *défendre*, alors les deux *gars* se sont battus sur le parking, entre les voitures... »

Puis, sur un ton plus professionnel :

« Voilà. Vous désirez autre chose ?

– Non, merci beaucoup.

– De rien... » et il s'éloigne.

Übung 6: Übersetzen Sie folgende Sätze!

1. Haben Sie schon gewählt?

2. Nein, noch nicht.

3. Ich warte auf meine Freundin.

4. Ich nehme eine heiße Schokolade, bitte.

5. Und ich nehme einen Cappuccino mit Milch.

6. Ich habe keinen Hunger.

Brusquement, les portes de la gare s'ouvrent et tous les élèves sortent par petits groupes. Annie *reconnaît* aussitôt Yasmine qui s'approche. Un coup d'œil sur la photo la rassure.
« Chef, regarde ! C'est bien elle ! »
Chef est couché à ses pieds, comme toujours. Il lève la tête, intéressé, et voit la jeune fille venir en direction de la terrasse du café. Et là, au milieu du parking, ils observent une scène bizarre. Un grand *rouquin* s'approche de Yasmine et veut la prendre par le cou d'un geste *amical*. Mais Yasmine le *repousse* brutalement et crie si fort qu'on l'entend de *loin* :
« *Fous-moi la paix*, Martial ! Quand est-ce que tu vas comprendre ? Nous deux, c'est fini ! » Puis elle traverse le parking, furieuse. Quand elle est assez près pour l'entendre, Annie dit simplement :
« Bonjour Yasmine. »
La jeune fille la regarde, étonnée.
« Nous nous connaissons ?
– Non, pas vraiment. Je peux te dire ‹ tu › ?
– Oui, allez-y. » Yasmine regarde Annie et attend la suite. Puis son regard se pose sur le sac de Jérôme et, d'un coup, elle devient blanche.
Annie désigne le sac et dit :
« C'est pour ça que je suis là. »
Yasmine secoue la tête :
« Ce sac n'est pas à moi... » et elle s'*assied* sur une chaise, sans finir sa phrase. Elle a les larmes aux yeux. Elle demande d'une voix *faible* :
« Où l'avez-vous trouvé ?
– C'est toute une histoire. Je sais qu'il n'est pas à toi. Je *suis au courant* pour Jérôme. Mon chien a trouvé son sac dans le parc, près de chez moi. » Puis, montrant son propre verre : « Je t'offre quelque chose ?

– Je ne sais pas ! Mon bus... »

Annie regarde sa montre.

« Tu as encore une demi-heure.

– Bon, d'accord. Je prends un coca. »

Annie appelle :

« Garçon, un coca, s'il vous plaît. » Puis elle dit : « Ça n'a pas l'*air* d'aller comme tu veux ! » Elle désigne le *rouquin* qui est resté au milieu du parking et qui regarde furieusement dans leur direction.

Yasmine fait un geste d'énervement.

« Bof ! Il ne veut pas me laisser *tranquille*. Nous étions ensemble, avant. C'est moi qui l'ai quitté, alors il n'a jamais accepté. Un vrai macho ! »

Puis elle *caresse* Chef : « Il a l'*air* intelligent, votre chien.

– Oui. Il s'appelle Chef. Et c'est un vrai chef ! »

Le garçon apporte le coca et le pose sur la table.

Annie commence à raconter comment son chien a trouvé le sac dans le parc et comment elle a *découvert* la photo.

Yasmine répète bêtement :

« Jérôme avait ma photo dans son sac...

– Oui, c'est pour cela que j'ai pu te retrouver.

– Il s'est suicidé, il y a quinze jours... Enfin, c'est ce que dit la police...

– Oui, je sais. Je suis *sincèrement* désolée... dit Annie et demande en regardant Yasmine : Et toi, tu ne le crois pas ? »

Yasmine n'est plus triste maintenant, mais vraiment en *colère* :

« Jamais de la vie ! On avait plein de projets ensemble !

– Oui, mais il écrivait des poèmes un peu tristes. Dans son cahier, il y a un poème qui t'est dédié. Il semble se demander si vous êtes encore ensemble... »

Yasmine hésite à raconter des choses intimes à cette inconnue. Mais Annie est vraiment très gentille et parler lui fait du bien.

« Vous savez, ça ne veut rien dire. On s'était un peu disputés le matin, parce qu'il voulait me voir plus souvent. Mais moi, je pense aux études. Lui, il commençait à avoir de mauvaises notes en classe et je lui ai *reproché* de ne pas assez travailler. Vous voyez, rien de grave. On avait rendez-vous sur le pont pour en discuter. Et puis les poèmes, il m'en écrivait toujours. On a fait Ronsard en classe, vous savez... Un poète du XVIe siècle...
– Oui je sais, le poème à Cassandre : ‹ Mignonne, allons voir si la rose... › C'est très joli, en effet.
– Il a adoré. Il était très romantique, c'est pour ça que je l'aimais. Il n'avait rien d'un macho, lui... »
Elle se *tait* un long moment avant de continuer :
« Pour nous retrouver, Jérôme et moi, nous allions dans le parc. »

Übung 7: Welches Wort ist das „schwarze Schaf"? Unterstreichen Sie das nicht in die Reihe passende Wort!

! ÜBUNG 7

1. ferment, vraiment, dorment, aiment
2. gare, train, heure, quai, voie
3. vais, vont, allez, avons, vas
4. préférais, entends, es, arrives
5. fille, temps, porte, semaine, boisson
6. jolie, vieille, mignonne, seul, brune

Annie a encore une question :
« Les policiers n'ont pas cherché son sac ?
– Non, pas vraiment. Personne ne pouvait dire s'il l'avait avec lui au moment de... enfin... quand... » Ses yeux se *remplissent* de larmes.
Annie change vite de sujet.

« Oui je vois. Et ses papiers ?
– Il les avait sur lui. Son portable aussi. Il était dans la poche de sa veste.
– Et cette bande de *voyous* avec leurs *mobylettes*, le ‹ Gang ›, vous l'avez déjà rencontrée dans le parc ?
– Oh, ça oui ! Une fois, ils nous ont poursuivis avec leurs *mobylettes*, Jérôme et moi. Ils voulaient nous faire peur. Ils tournaient autour de nous en criant des *injures*. Quand ils ont trop bu, ils deviennent vraiment agressifs.
– Vous aviez donc rendez-vous, ce jour-là, sur le pont ?
– Oui, mais il avait terminé ses cours une heure avant moi. Il avait pris un train plus tôt. Je pense qu'il m'attendait sur le pont.
– Comment est-ce qu'il pouvait être sûr que tu viendrais après votre *dispute* ?
– Il ne le savait pas vraiment. Quand je suis arrivée, la police était déjà là. » Les larmes *coulent* sur son visage. « On n'a pas pu se *réconcilier...* »
Annie lui tend un *mouchoir*.
« Qui est-ce qui a appelé la police ?
– Une personne qui est restée anonyme.
– Anonyme ? Et les policiers n'ont pas trouvé ça bizarre ?
– Non. On leur a dit et répété que Jérôme ne pouvait pas s'être suicidé ! Ils n'ont rien voulu savoir ! »
Yasmine se lève brusquement.
« Mon bus va partir. Je dois y aller... » En effet, les élèves sont en train de monter dans le bus de ville bleu stationné devant la gare.
« Excusez-moi et merci pour le coca. Au revoir, Madame... »
Elle s'en va rapidement. Annie est perplexe.
« Yasmine, attends ! » Elle court derrière elle. « Je voudrais rapporter les affaires de Jérôme à ses parents.
– Oui, allez-y, ils sont très gentils...

– Où habitent-ils ?
– C'est monsieur et madame Laffort. Ils habitent rue des Hirondelles, au numéro 16. Vous trouverez, c'est facile.
– Oui, je trouverai. Merci.
– Au revoir, Madame.
– Au revoir et... encore pardon de t'avoir rappelé ce malheur...
– Je n'ai pas besoin qu'on me le rappelle. Je pense à lui tous les jours... » répond tristement la jeune fille.
Puis elle s'élance vers le bus qui referme ses portes derrière elle.
« Ça alors ! Elle ne croit pas à un suicide ! dit Annie en regardant son chien. Et les parents de Jérôme, qu'est-ce qu'ils en pensent ? Ils y croient ? »
Annie paie le Vittel menthe et le coca.
« À nous maintenant, Chef ! On va leur rendre visite. »
Près de la gare se trouve un plan de la ville. Annie cherche la rue des Hirondelles. « C'est là ! » dit-elle en désignant du doigt le nom de la rue. Puis elle cherche le numéro des Laffort dans l'*annuaire* de la cabine téléphonique.
« Et maintenant, en voiture ! »

Übung 8: Lesen Sie weiter und setzen Sie das passende Verb ein!
(voulait, ouvre, gare, a annoncé, attendent, aiment)

Elle (1.) ______________ sa Renault le long du trottoir dans la rue des Hirondelles, non *loin* du numéro 16. Les Laffort l'(2.) ______________. Il est déjà assez tard et elle ne (3.) ______________ pas être impolie, alors elle (4.) ______________ sa visite au téléphone. Comme Annie ne sait pas si les Laffort (5.)

______________ les chiens, Chef reste dans la voiture. Elle sonne et une dame aux cheveux gris lui (6.) ______________ la porte.

« Madame Laffort ? Je suis Annie Deschamps. Je vous ai appelée tout à l'heure.
– Oui... *murmure* madame Laffort, en fixant le sac qu'Annie tient à la main. Excusez-moi. Entrez ! »
Elle conduit Annie au salon, où monsieur Laffort est *assis* dans un *fauteuil*. Il se lève pour la saluer.
« Je voulais simplement vous rendre ce sac que j'ai trouvé dans le parc près de chez moi. Il *appartenait* à votre fils, n'est-ce pas ?
– Oui, en effet. »
Il prend le sac qu'Annie lui tend.
« Mais *asseyez*-vous, je vous prie.
– Non, non, merci. Je ne reste pas. C'est Yasmine qui m'a donné votre adresse. Alors je voulais vous apporter ses affaires. »
Madame Laffort *murmure* :
« Oui, c'est dur pour Yasmine aussi. Nous ne comprenons pas. Tous ceux qui le connaissaient vraiment ne comprennent pas. C'est vrai que ses notes étaient moins bonnes ces derniers temps, mais rien de grave. Il était intelligent. »
Elle s'est *assise* dans le *fauteuil* qu'Annie a refusé.
« Et puis, il était amoureux. On ne se suicide pas quand on est jeune et amoureux, n'est-ce pas ? »
Elle regarde Annie d'un *air interrogateur*, comme si elle attendait d'elle la réponse à toutes ses questions. Monsieur Laffort a une main posée sur l'épaule de sa femme. Il dit :
« Et vous avez trouvé son sac dans le parc. La police ne l'a pas trouvé. C'est bizarre.

– Le sac n'était pas près du pont. Mon chien l'a *découvert* bien plus *loin*, dans un buisson près de la *voie ferrée*.
– Ah bon. Qu'est-ce qu'il faisait là ?
– Je ne sais pas, mais vous pourriez peut-être *vérifier* si rien ne manque.
– Cela n'a plus d'importance maintenant, déclare monsieur Laffort.
– La police a *conclu* à un suicide, pas à un accident ? Comment est-ce qu'elle pouvait être sûre ? »
Madame Laffort s'emporte :
« Oh, ces policiers ! Ils n'avaient qu'une idée en tête. Ils ont décidé que Jérôme s'était suicidé et ils n'ont pas cherché plus *loin* ! Mais il ne s'est pas suicidé, jamais ! Je ne sais pas ce qui s'est passé, mais je sais qu'il ne s'est pas suicidé ! » et elle se met à *sangloter*, la tête entre les mains.
Monsieur Laffort explique :
« La police s'est *renseignée* sur lui auprès de ses copains et de ses professeurs. Elle a appris qu'il avait eu de mauvaises notes et, en plus, qu'il s'était disputé avec Yasmine le matin même. Puis elle a trouvé les poèmes dans sa chambre. Des poèmes un peu tristes. Nous savions qu'il écrivait. Ma femme l'avait vu quand elle était rentrée dans sa chambre, un jour où il avait la grippe. Mais nous ne sommes pas *curieux*. Nous ne savions pas ce qu'il écrivait. Nous n'avons pas posé de questions.
– Mais ces policiers, ils ne respectent rien, s'exclame madame Laffort en larmes. Ils ont *fouillé* dans toutes ses affaires ! »
Monsieur Laffort continue :
« Pour eux, l'affaire était claire. Jérôme s'est suicidé parce qu'il était dépressif. Mais nous, on n'y croit pas ! Il aimait trop rire ! Il était romantique et amoureux, c'est tout ! »
Maintenant, ils pleurent tous les deux. Annie est désolée, mais ne

peut malheureusement rien faire pour eux. Elle décide alors de les laisser et de s'en aller discrètement.

ÜBUNG 9

Übung 9: Wie lautet das zum Infinitiv gehörende Partizip Passé? Setzen Sie ein!

1. pleurer pleuré
2. savoir ______________
3. dire ______________
4. plaire ______________
5. devoir ______________
6. ouvrir ______________
7. venir ______________
8. pleuvoir ______________
9. lire ______________

Chapitre 4 : Le pont du drame

Le lendemain matin, Annie décide de rendre visite à Cloclo, chez lui au parc. Chef la précède. Annie appelle :
« Cloclo, vous êtes là ? C'est nous, Annie et Chef ! »
Il n'y a personne. Cloclo n'est pas là. Son abri n'a pas de porte. Chef y entre tout naturellement. Annie appelle le chien, mais, comme il ne revient pas, elle va le tirer par le *collier*.
« Viens Chef, viens ici ! Ce n'est pas bien de rentrer chez les

gens quand ils ne sont pas là. Ça ne se fait pas !
– Je peux vous aider ? »
Cloclo est revenu et se trouve dans l'entrée. Annie se sent toute bête, comme prise *en flagrant délit*. Elle rougit.
« Je... je vous cherchais...
– C'est gentil ça ! J'ai rarement de la visite.
– Excusez-moi, mais Chef est entré chez vous.
– Ce n'est pas grave. Ma porte est toujours ouverte pour recevoir des amis. » Il rit. « Viens, Chef ! Tu peux entrer chez moi quand tu veux. Madame Annie, vous voulez vous *asseoir* ? »
Il lui présente une vieille chaise, vraiment très vieille qu'il a trouvée près d'une poubelle.
« Cloclo, je voulais vous poser une question.
– Oui, allez-y ! »
Annie commence alors à lui raconter tout ce qu'elle a *découvert* jusqu'à présent sur Jérôme et sa copine Yasmine.
« Je suis peut-être bête, mais je trouve cette histoire de suicide assez stupide. Et vous ?
– Moi, je vous ai déjà dit qu'il ne me semblait pas être un candidat au suicide !
– Le jour de la mort de Jérôme, vous n'avez rien *remarqué* de spécial ?
– Non. J'ai entendu les *mobylettes* qui allaient et venaient du côté du pont, et aussi des cris. Mais les jeunes *voyous* font souvent beaucoup de bruit dans ce coin-là.
– Vous pourriez venir avec moi sur le pont ? J'aimerais bien voir l'endroit de plus près, mais je n'ose pas y aller seule...
– D'accord, je viens avec vous, répond Cloclo sans hésiter. Chef et moi, on ne sera pas de trop pour vous protéger, *hein* Chef ! » Il rit.
Chef est *assis* à leur côté et essaie de comprendre ce que Cloclo lui raconte.

Übung 10: Lesen Sie weiter und übersetzen Sie die Wörter in Klammern!

ÜBUNG 10 !

Le pont de *pierre* est juste (1. genug) ________________ large pour laisser passer un camion. De nos jours, il n'est plus utilisé. (2. drunter) ________________, le *sentier* passe (3. zwischen) ________________ d'énormes *rochers* couverts de végétation. L'endroit est vraiment romantique. Annie se *penche*.

« C'est (4. ziemlich) ________________ haut ! Et si Jérôme est tombé (5. auf) ________________ un de *ces rochers*, il n'avait *aucune* chance.

– D'après ce que je sais, il est tombé sur le *sentier*... lui signale Cloclo.

– Ah bon ! Il avait une chance sur mille de tomber sur le *sentier* (6. an) ________________ cet endroit.

– Oui, mais il est mort (7. trotzdem) ________________. Pas de chance ! »

Annie se baisse et inspecte la *poussière* blanche. Ça fait un mois qu'il n'a pas plu.

« Qu'est-ce que vous cherchez ? demande Cloclo, intéressé.

– Des *empreintes* de *mobylette* ! répond Annie.

– Ah ça ! Il y en a sûrement. Les jeunes passent toujours par ici ! Ils se retrouvent là-bas, *tout au fond* de la *carrière*. » Cloclo désigne du doigt le point où la route *disparaît* derrière une *falaise* blanche.

« Oui, mais regardez ! Il y a plusieurs *traces de freinage*, juste là où Jérôme est tombé. C'est normal de freiner là ?
– Je ne sais pas ce qui est normal avec ces *voyous* ! répond Cloclo sérieusement.
– Oui, vous avez raison », *soupire* Annie.
Brusquement, Chef fixe un point qui se trouve en direction de la *carrière* et se met à *gronder*. Cloclo et Annie se retournent et regardent s'ils voient quelqu'un. Personne, mais ils ont une impression bizarre. Et Chef montre même les *crocs*.
« Venez, Cloclo. On y va ! Je crois qu'on nous observe. »
Ils quittent le pont et Cloclo accompagne encore Annie jusqu'à la sortie du parc.
« Voilà. Moi, je vais faire mon tour. Au revoir, Madame Annie. N'allez pas seule dans la *carrière* !
– Ne vous inquiétez pas, Cloclo. Je ne suis pas folle, je n'irai pas. À demain peut-être... »
Puis Cloclo s'arrête brusquement :
« Au fait, j'y pense. Il y a peut-être un *témoin* de ce qui s'est passé sur le pont !
– Ah oui ! Qui ?
– Celui qu'on appelle le *rouquin*. Il habite dans un immeuble non *loin* du parc. Peu avant que la police arrive, j'étais ici à l'entrée du parc. Il arrivait du côté du pont à vélo. Il roulait à toute vitesse. Un vrai diable rouge ! Il m'a presque *renversé*.
– C'est peut-être lui, le coup de téléphone anonyme.
– Peut-être !
– Vous ne l'avez pas dit à la police ?
– Oh moi, la police, vous savez ! Et puis, elle ne m'a rien demandé !
– Et bien, au revoir, Cloclo, et merci pour tout.
– Mais de rien, Madame Annie. Au revoir ! Salut, Chef ! »

En fin d'après-midi, Annie et Chef sont à la maison. Elle a passé l'après-midi à lire et à réfléchir sur la terrasse. Un vent *léger* s'est levé, mais l'*air* est encore très doux dehors. Elle laisse le chien dans le jardin et rentre se préparer une salade dans la cuisine. La porte et la fenêtre de la terrasse sont restées ouvertes. « Avec Chef dans le jardin, cela ne risque rien... » se dit-elle. Chef aboie plusieurs fois, puis plus rien. Annie se dit qu'il a vu un copain passer sur le trottoir. Brusquement, elle entend la porte du jardin claquer. « Zut, un courant d'*air* ! » Elle quitte la cuisine pour faire rentrer le chien, c'est alors qu'un individu masqué se précipite sur elle. « La porte de devant ! J'ai oublié de la fermer à clé ! C'était ça le courant d'*air* ! » Ces pensées lui passent par la tête à toute vitesse, mais il est trop tard. Elle veut crier, mais l'individu lui pose une main sur la bouche et un couteau sur la gorge. Il l'*entraîne* dans le salon. Sa voix est brutale.

« Je ne sais pas ce que tu cherches, vieille folle ! Mais arrête de *fouiner* ! Les *fouineuses*, on n'aime pas ça du tout ! »

Il la frappe au visage et elle tombe entre le *fauteuil* et la table. Elle en *profite* pour *hurler* : « Chef ! » mais le type la relève en la tirant par les cheveux. Il a un rire mauvais.

« Ton *cabot* ? Il est occupé ! Il est en train de *bouffer* un steak plein de *calmants* ! »

Il a à peine prononcé ces mots qu'un *briard* de quarante kilos s'abat sur lui. Annie, que le type a lâchée sous l'effet de la *surprise*, se dit en tombant : « La fenêtre ouverte ! Bravo Chef ! » Chef a planté ses *crocs* dans la main de l'homme masqué. Le couteau tombe sur le tapis. L'individu *hurle* de *douleur*.

« Sale *cabot*, je vais te... » Il prend son élan pour frapper le chien, mais Annie, toujours au sol, l'attrape par les jambes et le fait tomber. L'individu se relève *d'un bond* et se retrouve dans le *couloir*, poursuivi par le chien furieux. Annie entend la porte

d'entrée claquer, puis une *mobylette* qui démarre. Le chien revient la tête haute, et c'est là qu'Annie *découvre* le morceau de viande rouge sur le tapis. Normalement, elle ne serait pas contente, mais là... Elle se relève avec difficulté. Elle a mal partout. Elle va vers Chef et le prend dans ses bras :
« Bon chien ! Tu m'as *sauvé* la vie. Tu as bien mérité une *tartine* de *pâté* ! »
Puis elle se dit : « Je suis trop vieille pour ce genre d'*aventures* ! » et elle appelle la police.

Übung 11: Setzen Sie die Ausdrücke in die Befehlsform!

1. donner une friandise au chien

Donne une friandise au chien !

2. ne pas oublier de fermer la porte

___

3. faire tomber le criminel

___

4. lui prendre son couteau

___

5. appeler la police

___

6. se sauver

___

Quelques minutes plus tard, Jacques Gontrand est debout dans le salon. Annie lui a raconté l'agression. Elle dit :
« Il a certainement laissé de belles *empreintes* sur le couteau ! Il ne portait pas de *gants* ! » Maintenant le policier est *obligé* de la croire. « Et vous avez dit qu'il n'y avait pas de crime !
– Disons que nous nous sommes trompés, *reconnaît* le policier. Mais vous avez eu de la chance. Vous pouvez remercier votre chien !
– Ça oui, il m'a bien *défendue*. » Elle *caresse* la tête de Chef, qui a déjà reçu sa récompense. « Et si vous allez dans la *carrière*, vous trouverez les *voyous* avec leurs *mobylettes*. Je suis sûre qu'ils ont des choses à raconter à propos de Jérôme. Je suis sûre aussi qu'ils l'ont fait tomber du pont. Il y a des *traces de freinage*, juste à côté de l'endroit où il est tombé. Et le *clochard* Cloclo a entendu les *mobylettes* à ce moment-là, du côté du pont. Et puis, il y a aussi le *rouquin*. Il doit être le *témoin* anonyme qui a téléphoné à la police... Il habite dans l'immeuble non *loin* du parc... et puis le sac avec la photo et... »
Le policier secoue la tête. Vraiment, quand elle commence, pas *moyen* de l'arrêter !

Plus tard, le chef de la bande arrêté est *interrogé* dans un des bureaux de la police. Le *rouquin* est entendu comme *témoin* dans la pièce d'à côté. Annie et Chef sont présents et suivent les *interrogatoires* derrière une vitre foncée. Gontrand parle d'abord au *rouquin* :
« Ton nom, c'est Martial Martinet. C'est ça ?
– Oui, c'est ça.
– Et tu es le *témoin* anonyme qui a appelé le jour de la mort de Jérôme Laffort. Ce n'est pas la peine de *nier*. Nous avons un *témoin* qui t'a vu à vélo à la sortie du parc, à cette heure-là.
– Oui, c'est moi qui ai appelé.

– Raconte-nous ce que tu as vu.
– J'ai vu les *gars* tourner à *mobylettes* autour de Jérôme sur le pont. Puis j'ai vu Jérôme tomber et les *gars* se sont *penchés* pour voir s'il était bien mort !
– Et pourquoi n'as-tu rien fait ?
– Moi tout seul contre tous ces *gars* ?
– Et qu'est-ce que tu faisais là à vélo ?
– Rien, je passais seulement. Après, ils sont partis. Et moi, j'ai *sauté* sur mon vélo pour appeler la police.
– Tu n'es pas allé voir si Jérôme vivait encore ?
– Non. J'avais peur qu'ils reviennent avec leurs *mobylettes*. Et puis, Jérôme avait une position toute bizarre, comme s'il était cassé. Il était mort, je vous dis !
– Et pourquoi cet appel anonyme ?
– J'avais peur qu'on m'accuse. Je m'étais disputé avec Jérôme plusieurs fois à cause de Yasmine. »
Le policier fait oui de la tête. Il *est au courant* car, entre-temps, dans la voiture, Annie lui a raconté tous les détails.

Puis, Gontrand passe dans le deuxième bureau pour *interroger* le chef de la bande.
« Pourquoi as-tu attaqué Annie Deschamps dans sa maison ?
– On voulait juste lui faire peur. Elle devenait trop *curieuse*, cette *fouineuse* !
– Comment saviez-vous qu'elle s'intéressait à vous ?
– Nous les avons observés, elle et son copain le *clochard*. Ils étaient sur le pont avec ce sale chien ! »
Annie est *indignée* derrière sa vitre. Elle dit au policier qui est resté avec elle dans la pièce :
« Chef n'est pas un sale chien ! C'est pour ça que Chef *grondait* sur le pont... Il les a sentis. »

Gontrand continue son *interrogatoire* :
« C'est bien toi qui as attaqué Annie Deschamps chez elle ?
– *Devinez* !
– Je n'ai pas besoin de *deviner*. Ce bandage à ta main, c'est bien à cause des *crocs* d'un chien, non ? Il t'a *mordu*. »
D'abord, le chef de la bande ne répond pas. Puis brusquement, il décide qu'il ne veut pas être accusé de *meurtre*. Un vol, d'accord ! Mais pas un *meurtre* ! Il raconte :
« Pour Jérôme, on n'y est pour rien ! On l'a vu pendant qu'il attendait sa copine sur le pont. On lui a fait peur avec nos *mobylettes*, on lui a pris son sac, mais on ne l'a pas tué !
– Pourtant, j'ai un *témoin* qui affirme le contraire.
– Montrez-le moi pour voir s'il ose m'accuser en face ! Je vais lui casser la figure, à ce *mec* !
– Tu ne crois pas que ta situation est déjà bien assez grave comme ça !?
– Je vous dis que nous, on n'a rien fait. On ne pouvait pas *deviner* qu'il allait se jeter sur les *rochers* pour un sac volé et parce qu'on lui a fait un peu peur ! Après ils ont dit qu'il était dépressif... C'était pas un *mec*, ce type ! C'était une *gonzesse* ! »
Après avoir entendu ces mots, Annie frappe quelques petits coups à la vitre. Gontrand lance un regard furieux de son côté. Il a horreur d'être *dérangé* pendant un *interrogatoire*. Il passe dans la pièce où Annie se trouve. Avant qu'il ouvre la bouche pour lui faire des *reproches*, Annie dit :
« Vous avez *remarqué* ce qu'il vient de dire ?
– Quoi donc ? demande le policier, de mauvaise humeur.
– Il pense que Jérôme est tombé sur les *rochers* ! Alors, il ne l'a pas vu tomber sur le *sentier* et le *rouquin* a menti.
– Mais c'est vrai ça ! Vous avez raison. »
Gontrand retourne voir le chef de bande.

« Tu dis que Jérôme est tombé sur les *rochers* ?
– Ben oui, quoi. Des *rochers*, il n'y a que ça, là en bas !
– Il y a aussi un *sentier*.
– Une chance sur mille de manquer les *rochers* en *sautant* !
– En effet !
– Et le sac, qu'est-ce que vous en avez fait ?
– On l'a jeté. Dans le sac, il n'y avait rien d'intéressant, on l'a balancé dans les buissons. »

Übung 12: Markieren Sie mit richtig ✔ oder falsch – !

ÜBUNG 12 !

1. Chef est un chien. ☐
2. Annie n'aime pas les clochards. ☐
3. Les parents de Jérôme croient au suicide. ☐
4. Yasmine et Jérôme avaient rendez-vous sur le pont. ☐
5. Le chef du Gang sait que Jérôme est tombé sur le sentier. ☐
6. Le rouquin a vu Jérôme tomber sur les rochers. ☐
7. Le rouquin ne dit pas la vérité. ☐

Gontrand retourne dans le bureau où se trouve le *rouquin* et le met face à son mensonge. Alors Martial, qui n'a rien d'un grand criminel, ne résiste pas.
« Je n'ai pas voulu le tuer. Je les attendais, lui et Yasmine, en bas près du pont avec mon vélo. Je savais qu'ils se retrouvaient là après les cours et je voulais *saboter* leur rendez-vous. Après l'attaque du Gang, Jérôme s'est précipité sur la route derrière eux en criant. Moi, entre-temps, j'étais arrivé sur le pont et ça m'amusait de le voir crier comme ça. Sur le moment, j'ai pensé qu'il allait les suivre jusqu'à la *carrière*, et puis non. Il a fait demi-tour. Alors là,

il m'a vu. Il était furieux ! Il a couru vers moi comme un diable et a commencé à me bousculer en *hurlant* :
‹ Ça t'amuse, *hein* ! Ça t'amuse ! Qu'est-ce qui te fait rire ? ›
Alors moi, je l'ai poussé un grand coup. On était juste au bord du pont. Il a *basculé*... Voilà... C'était un accident, je vous *jure* ! Je ne voulais pas le tuer ! »
Le grand macho roux se met à pleurer comme un petit garçon.
« Et tu n'es pas allé voir s'il vivait encore.
– Si, mais il était mort... Alors j'ai *perdu* la tête.
– Tu t'es enfui, tu as presque *renversé* Cloclo, le *clochard*.
– Oui, je ne voulais qu'une chose, m'enfermer dans ma chambre. Mais en passant devant la cabine téléphonique, j'ai décidé d'appeler la police.
– Et quand on a *conclu* au suicide...
– Ça m'arrangeait bien ! »
Il était devenu tout petit sur sa chaise.

Plus tard, le chef de bande et le *rouquin* sont placés en prison pour la nuit, l'un pour *coups et blessures*, l'autre pour faux *témoignage* et *délit* de *fuite* après accident mortel. C'est le juge qui décidera de leur *sort*. Le policier présente ses excuses à Annie qui a un bel *œil au beurre noir*.
« Cette fois, c'est vous qui aviez raison. L'affaire semblait claire. Vous voulez que je vous emmène à l'hôpital ?
– Non, non, c'est bon. Un bon bain chaud et une paire de lunettes noires feront l'affaire. Chef et moi, on a des visites à faire, les parents de Jérôme et Yasmine...
– Des visites, à cette heure et dans votre *état* ? »
Jacques Gontrand la regarde fixement.
« Est-ce que vous vous êtes regardée dans une glace ?
– Non. Je préfère *éviter* », puis, regardant l'heure à sa montre, elle

ajoute : « Mais je crois que vous avez raison, mes visites attendront demain !

– Vous allez être en première page des journaux ! lui annonce le policier.

– On n'a pas besoin de ça, nous, *hein* Chef ! » déclare Annie. Chef lève les yeux vers elle. Elle *caresse* la grosse tête du *briard* et dit : « Moi, je sais depuis toujours que tu es le meilleur chien du monde ! »

Abschlusstest

Übung 1: Beantworten Sie die Fragen zum Kurzkrimi „Rendez-vous mortel"!

1. Quel est le métier de Théo ?

____

2. Que boit le ministre après son repas ?

____

3. Comment la femme du ministre est-elle morte ?

____

4. Qu'est-ce que le ministre demande à Théo en l'écrivant sur le mouchoir ?

____

5. Comment le ministre a-t-il été assassiné ?

____

Übung 2: Wie kann man die folgenden Aussagen auf Französisch anders sagen? Kreuzen Sie die richtige Redewendung an!

1. avoir faim (Hunger haben)
   a) ☐ avoir l'estomac dans les talons
   b) ☐ avoir l'estomac dans les chaussures

2. jamais (nie)
   a) ☐ quand les coqs auront des dents
   b) ☐ quand les poules auront des dents

3. avoir de la chance (Glück haben)
   a) ☐ avoir du bol
   b) ☐ avoir de la tasse

4. tomber (fallen)
   a) ☐ se casser les dents
   b) ☐ se casser la figure

5. s'évanouir (ohnmächtig werden)
   a) ☐ tomber dans les pommes
   b) ☐ tomber dans les oranges

Übung 3: Beantworten Sie die Fragen zum Kurzkrimi „Le cambriolage"! Markieren Sie mit richtig ✔ oder falsch – !

1. Le crime est un cambriolage. ☐
2. Maurice Duval vit toujours chez son fils. ☐
3. Les ouvriers de l'entreprise Berchaud ne sont pas complices. ☐
4. Patrick G a déjà fait de la prison. ☐
5. André Petitpied est marié. ☐
6. Le cambrioleur est arrêté en ville. ☐
7. Le cambrioleur a un vélo très moderne. ☐

Übung 4: Setzen Sie den Dialog fort, indem Sie die folgenden Abschnitte in die richtige Reihenfolge bringen!

– Mangez ! La soupe, c'est bon pour la santé !
– Hum ! Délicieuse, cette soupe!... Est-ce que je peux prendre un morceau de baguette ?

1. – Oui, c'est vrai, du bon pain et un bon verre de vin ! J'adore !
2. – Mais oui, bien sûr. Elle est toute fraîche. Mon boulanger est excellent.
3. – Vous avez raison ! On n'a pas besoin de plus pour être heureux !
4. – Un bon boulanger, c'est très important dans la vie.
5. – Surtout, n'oubliez pas le camembert ! Du pain, du vin et un morceau de camembert !

Lösung: _ _ _ _ _

Übung 5: Welche Wörter kommen im Krimi „Le cambriolage" nicht vor?

1. armoire, bijoux, tapis
2. porte, bière, verre
3. avion, chantier, ouvrier
4. travailler, demander, nager
5. vidéo, numéro, adresse
6. brioche, biscuit, croissant
7. anniversaire, gâteau, légumes

Übung 6: Beantworten Sie die Fragen zum Text „Mort à l'opéra"!

1. Quel sport pratique Sylvie ?

____

2. Quelle arme a été utilisée pour le meutre ?

____

3. Pourquoi M. Granjon avait-il besoin de 20 000 € ?

____

4. Quel opéra Sylvie et Jean sont-ils allés voir ?

____

5. Où Maximilian cache-t-il le faux poignard ?

____

Übung 7: Übersetzen Sie die Wörter und enträtseln Sie das Lösungswort!

1. Komponist _ ☐ _ _ _ _ _ _ _ _ _
2. Leidenschaft ☐ _ _ _ _ _ _
3. Staat ☐ _ _ _
4. Tod _ _ ☐ _
5. Schauspieler ☐ _ _ _ _ _

Lösungswort: _ _ _ _ _

Übung 8: Verbinden Sie diese für Kriminalromane typischen Wörter mit ihrer Übersetzung!

1. témoin	☐ Flucht
2. accusé	☐ Indiz
3. trace	☐ Angeklagter
4. indice	☐ Abdruck
5. délit	☐ Richter
6. fuite	☐ Zeuge

7. juge ☐ Delikt
8. empreinte ☐ Dieb
9. voleur ☐ Spur

Übung 9: Welches ist die richtige Antwort?

1. Qui est Chef ?
   a) ☐ Chef est le meilleur ami d'Annie.
   b) ☐ Chef est l'ami le meilleur d'Annie.

2. Annie, qu'est-ce qu'elle aime ?
   a) ☐ Annie aime la aventure policières.
   b) ☐ Annie aime les aventures policières.

3. Et Cloclo, qu'est-ce qu'il préfère ?
   a) ☐ Cloclo préfère des chansons de Claude François.
   b) ☐ Cloclo préfère les chansons de Claude François.

4. Le chef du Gang, qu'est-ce qu'il a fait ?
   a) ☐ Le chef du Gang a attaqué Annie dans sa maison.
   b) ☐ Le chef du Gang a attaqué Annie dans son maison.

5. Où habite le rouqin ?
   a) ☐ Le rouquin habite dans un immeuble près le parc.
   b) ☐ Le rouquin habite dans un immeuble près du parc.

6. Comment s'est terminée l'histoire ?
   a) ☐ Le policier arrêtait le rouquin.
   b) ☐ Le policier a arrêté le rouquin.

Übung 10: Finden Sie in diesem Gitternetz neun Wörter, die in der Geschichte „Le suicide“ vorkommen!

E	D	I	A	B	S	K	L
N	R	M	P	C	E	C	D
T	E	M	O	I	N	H	E
E	S	E	L	H	T	I	F
N	S	U	I	I	I	E	G
D	E	B	C	J	E	N	F
R	R	L	I	K	R	C	U
E	O	E	E	P	G	J	I
M	N	X	R	L	T	S	T
A	V	E	N	T	U	R	E

Lösungen

Rendez-vous mortel

Übung 1: 1. tranquille 2. bougie 3. placard 4. parapluie 5. trottoir 6. cuisinière 7. meurtrier 8. vitrine Lösungswort: quartier

Übung 2: 1. Le restaurant se trouve au 5, rue Villedo. 2. Le magasin vend des boîtes à musique. 3. Il économise pour s'acheter une cage. 4. Il commence à travailler à 17h30. 5. Le chef. du restaurant « Chez Pauline » s'appelle M. Genin. 6. Pauline est la fille de M. Genin.

Übung 3: 1. genoux 2. épaules 3. visage 4. oreilles 5. nez 6. pommettes 7. bouche 8. lèvres 9. yeux 10. cils

Übung 4: 1. falsch 2. richtig 3. falsch 4. falsch 5. falsch

Übung 5: 1. loup 2. singe 3. renard 4. hirondelle 5. taupe 6. carpe

Übung 6: 1. qui 2. que 3. que 4. dont 5. que 6. dont 7. qui

Übung 7: 1. voitures 2. ami 3. affaires 4. salon 5. attention 6. œil 7. bar

Übung 8: 1. le poison 2. la boisson 3. la nouvelle 4. la lettre 5. le journal 6. le couple 7. la publicité

Übung 9: 1. la cage 2. la vitrine 3. amoureux 4. le Japon 5. le dessin 6. le rêve 7. la patience

Übung 10: 1. ouvert 2. faux 3. malheureusement 4. sale 5. au soleil 6. large 7. vieillesse 8. lentement

Übung 11: 1. b 2. a 3. a 4. a 5. a 6. b

Übung 12: Männlich: le cauchemar, le rêve, le crime, le meurtre Weiblich: la piste, l'enquête, la conférence, la cuillère

Übung 13: 1. meurtre 2. planifié 3. femme 4. endroit 5. question 6. précis 7. passionnant 8. entreprise

Übung 14: 1. manteau 2. portable 3. soir 4. raison 5. raconter 6. détails 7. attendre

Übung 15: 1. la décision 2. la connaissance 3. la rencontre 4. la devinette 5. le suicide 6. le souvenir 7. la menace 8. l'aveu

Le cambriolage

Übung 1: féminine, sûr, court, vieil, suspect, mauvais, chaud, normal, énervé

Übung 2: 1. montre 2. cave 3. porte 4. jardin 5. quelqu'un 6. s'occupe 7. seul 8. métier 9. rien

Übung 3: 1. boîte 2. Bourguignon 3. métier 4. adresse 5. cravate 6. demain 7. comme

Übung 4: 1. voiture 2. bureau 3. passé 4. cambriolage 5. allé 6. volés 7. retrouver

Übung 5: 1. demain 2. beaucoup 3. trop 4. ce soir 5. la semaine prochaine 6. sans sucre

Übung 6: 1. a 2. a 3. b 4. b

Übung 7: 1. Il n'est pas là en ce moment. 2. Il ne prend jamais de notes. 3. Il ne remarque rien d'anormal. 4. Vous n'avez pas encore trouvé le cambrioleur. 5. Vous n'avez vu personne. 6. Je ne possède pas de bicyclette.
Übung 8: 1. voir 2. tout 3. client 4. devoir 5. écouter 6. regarder Lösungswort: voleur
Übung 9: 5, 1, 6, 3, 2, 4
Übung 10: 1. mardi 2. dimanche 3. vendredi 4. janvier 5. juin 6. avril
Übung 11: 1. vide/plein 2. ouvert/fermé 3. grand/petit 4. dangereux/sûr 5. triste/gai 6. heureux/malheureux
Übung 12: 1. Les élèves jouaient dans la cour de récréation. 2. Ils jouaient au foot. 3. Un garçon a envoyé le ballon dans la fenêtre de la classe. 4. La fenêtre s'est cassée sous le choc. 5. Le directeur est arrivé avec le ballon. 6. Le directeur a demandé qui était l'auteur de ce crime contre l'école.

Mort à l'opéra

Übung 1: 1. rouge foncé 2. noir 3. mauve 4. rouge grenat 5. brun foncé 6. bleu-vert
Übung 2: 1. rater 2. deuxième 3. représentation 4. impressionnant 5. solennel
Übung 3: 1. vingt 2. trente-deux 3. quarante 4. deux mille six cent vingt-trois 5. quatre-vingts 6. soixante
Übung 4: 1. scène 2. lumière 3. personne 4. salle 5. bouche
Übung 5: 1. richtig 2. richtig 3. falsch 4. falsch 5. richtig 6. falsch
Übung 6: 1. la 2. les 3. la 4. le 5. un 6. la 7. la
Übung 7: 1. coup de sifflet/Pfiff 2. coup de poing/Faustschlag 3. coup de feu/Schuss 4. tout à coup/plötzlich 5. coup de chance/Glücksfall 6. coup de fil/Anruf 7. au premier coup/beim ersten Mal 8. coup de pied/Fußtritt
Übung 8: 1. a vu 2. avouez 3. étaient 4. avais 5. êtes-vous disputés 6. savait 7. pouvait
Übung 9: 1. odeur 2. argent/silence 3. beurre/beurre 4. amour 5. or
Übung 10: 1. grands 2. emballées 3. recouverts 4. cheveux 5. recouvertes 6. chargés 7. pinceaux
Übung 11: 1. est 2. peut 3. est 4. ment 5. a 6. travaille
Übung 12: 1. a 2. b 3. a 4. b 5. a 6. b 7. a
Übung 13: 1. ordinateur 2. chanson 3. visite 4. adulte 5. tache 6. enfance 7. ride
Übung 14: 1. à 2. à 3. de 4. aux 5. de 6. dans
Übung 15: 1. couteau 2. costume 3. bal 4. écharpe 5. gratuit

Le suicide

Übung 1: 1. ami/copain 2. chemin/route 3. beaucoup aimer/adorer 4. réfléchir/penser 5. roman/histoire 6. jour/journée

Übung 2: 1. furieuse 2. interdit 3. seule 4. bizarres 5. content 6. grand
Übung 3: drôlement, dans, quand, avant, brusquement, gens, temps
Übung 4: 1. lire 2. faire 3. écouter 4. prendre 5. poser 6. partir 7. aimer
Übung 5: 1. écrit 2. tous 3. usine 4. douze 5. interdit 6. Attends 7. nom 8. Trouver Lösungswort: étudiant
Übung 6: 1. Est-ce que vous avez déjà choisi ? 2. Non, pas encore. 3. J'attends mon amie. 4. Je prends un chocolat chaud, s'il vous plaît. 5. Et moi, je prends un cappuccino avec du lait. 6. Je n'ai pas faim.
Übung 7: 1. vraiment 2. heure 3. avons 4. préférais 5. temps 6. seul
Übung 8: 1. gare 2. attendent 3. voulait 4. a annoncé 5. aiment 6. ouvre
Übung 9: 1. pleuré 2. su 3. dit 4. plu 5. dû 6. ouvert 7. venu 8. plu 9. lu
Übung 10: 1. assez 2. en dessous 3. entre 4. assez 5. sur 6. à 7. quand même
Übung 11: 1. Donne une friandise au chien ! 2. N'oublie pas de fermer la porte ! 3. Fais tomber le criminel ! 4. Prends-lui son couteau ! 5. Appelle la police ! 6. Sauve-toi !
Übung 12: 1. richtig 2. falsch 3. falsch 4. richtig 5. falsch 6. falsch 7. richtig

Lösungen Abschlusstest

Übung 1: Théo est serveur. 2. Il boit un sirop d'orgeat. 3. Elle est morte dans un accident de la route. 4. Il demande à Théo de ne pas le déranger. 5. Il a été empoisonné.
Übung 2: 1. a 2. b 3. a 4. b 5. a
Übung 3: 1. richtig 2. falsch 3. richtig 4. richtig 5. richtig 6. falsch 7. falsch
Übung 4: 2, 4, 1, 5, 3
Übung 5: 1. tapis 2. bière 3. avion 4. nager 5. vidéo 6. biscuit 7. légumes
Übung 6: 1. la boxe 2. un poignard 3. pour l'opération de chirurgie esthétique de sa fille 4. « Un bal masqué » de Verdi 5. dans une bouche d'égout
Übung 7: 1. compositeur 2. passion 3. État 4. mort 5. acteur Lösungswort: opéra
Übung 8: 1. témoin/Zeuge 2. accusé/Angeklagter 3. trace/Spur 4. indice/Indiz 5. délit/Delikt 6. fuite/Flucht 7. juge/Richter 8. empreinte/Abdruck 9. voleur/Dieb
Übung 9: 1. a 2. b 3. b 4. a 5. b 6. b
Übung 10: sentier, témoin, policier, fuite, immeuble, aventure, chien, dresser, entendre

Glossar

f	feminin
fam	umgangssprachlich
fig	bildlich
irr	unregelmäßig
m	maskulin
pl	Plural
v	Verb

abasourdi	verdutzt
abat-jour *m*	Lampenschirm
accélérer *v*	beschleunigen
accessoire *m*	Requisit; Zubehör
accroupi	kauernd
accueillir *v irr*	empfangen
acteur *m*, **actrice** *f*	Schauspieler(in)
admiratif	voll Bewunderung
adolescent, e *m,f*	Jugendliche(r)
air *m*	Luft; Miene; Melodie, Lied
à l'écart	beiseite
alliance *f*	hier: Ehering; Bündnis
en amateur	freizeitmäßig
ambulance *f*	Krankenwagen
amical	freundlich
ancien	alt, altertümlich; ehemalig
annuaire *m*	Telefonbuch
anormal	ungewöhnlich
appartenir *v* **à qn**	jdm gehören
apprécier *v*	lieben, schätzen
apprenti *m*	Lehrling
approfondir *v*	vertiefen
arrondi	abgerundet
s'asseoir *v irr*	sich hinsetzen
assoupi	eingedöst
assurance *f* **complémentaire**	zusätzliche Krankenversicherung

attirer *v*	lenken, anziehen, herbeilocken
attitude *f*	Verhalten
(ne) aucun	keiner, keine, keines
augmenter *v*	ansteigen, wachsen
autocollant *m*	Aufkleber
avachi	hier: zusammengesunken; schlapp
avance *f*	Vorsprung
d'avance	im Voraus
avancer *v*	vorankommen, fortschreiten
aventure *f*	Abenteuer
avoir *v irr* **une faim de loup** *fig*	einen Bärenhunger haben
à votre service	zu Ihren Diensten
bague *f*	Ring
banlieue *f*	Vorort
barreau *m*	Stab
basculer *v*	umkippen
bâtiment *m*	Gebäude
battre *v irr* **la chamade** *fig*	wild schlagen
beau-père *m*, **belle-mère** *f*	Stiefvater/Schwiegervater, Stiefmutter/Schwiegermutter
bénévolat *m*	gemeinnützige Arbeit
en biais	schräg
bibelot *m*	Nippes
bijou *m*	Schmuck
bloc-notes *m*	Notizblock
bol *m*	Schale
d'un bond *m*	mit einem Satz
bouche *f* **d'égout**	Gully
bouffer *v fam*	fressen *fam*
boulot *m*	Job
bouquet *m*	Blumenstrauß
break *m*	Kombi
briard *m*	Briardhund
briller *v*	leuchten
brioche *f*	Hefegebäck
broderie *f*	Stickerei

brouhaha *m*	Getöse, wirrer Lärm
buée *f*	Kondensation, Dampf
C'était moins une ! *fam*	Es hätte nicht viel gefehlt!
cabot *m, fam*	Köter
cage *f*	Käfig
calmant *m*	Beruhigungsmittel
(se) calmer *v*	beruhigen
cambriolage *m*	Einbruch
cambrioler *v*	einbrechen
cambrioleur, se *m, f*	Einbrecher(in)
canard *m*	Ente
canne *f*	Spazierstock
capacité *f*	Fähigkeit
caresse *f*	Streicheleinheit
caresser *v*	streicheln
caricature *f*	Karikatur
carrière *f* **(de calcaire)**	(Kalk-)Steinbruch
casse-croûte *m*	Imbiss
cave *f*	Keller
célibataire *m*	Junggeselle
C'est à s'arracher *v* **les cheveux!** *fig*	Das ist ja haarsträubend! *fig*
chaîne hi-fi *f*	Stereoanlage
chantage *m*	Erpressung
chantier *m*	Baustelle
chasse *f*	Jagd
cheminée *f*	Kamin
chevaux *m, pl*	PS, Pferdestärke
chiffon *m*	Putzlappen
chignon *m*	Haarknoten, Dutt
chirurgie *f* **esthétique**	Schönheitsoperation
Chose promise, chose due.	Versprochen ist versprochen.
cil *m*	Wimper
cirer *v*	wachsen, bohnern
clochard *m*	Landstreicher
cœur *m*	Herz

par cœur	auswendig
coffre *m*	Kofferraum
cohue *f*	Gedränge, Menschenmenge
coïncidence *f*	Zufall, Zusammentreffen
colère *f*	Ärger, Wut
coller *v*	aufkleben
collier *m*	Halsband
colonne *f*	Spalte; Säule
combinaison *f*	Anzug, Kombination
commande *f*	Bestellung
commander *v*	bestellen; befehlen
complice *m*	Mittäter
comportement *m*	Benehmen
se comporter *v*	sich benehmen
compositeur *m*	Komponist
comptoir *m*	Theke
conclure *v irr*	schlussfolgern
confiance *f*	Vertrauen
consommation *f*	Verbrauch; Genuss
consommer *v*	verbrauchen
coquette	gepflegt, eitel
corbillard *m*	Leichenwagen
couler *v*	fließen
couloir *m*	Flur
couple *m*	Paar
coups *m, pl* **et blessures** *f, pl*	Körperverletzung
cour de récréation *m*	Schulhof, Pausenhof
courbé	gebeugt
course cycliste *f*	Radrennen
crever *v* **d'envie** *fam, fig*	furchtbar gern etwas tun wollen
croc *m*	hier: Hundezahn
culpabilité *f*	Schuld
curieux	neugierig
se débrouiller *v*	zurechtkommen, sich zu helfen wissen
décevoir *v irr*	enttäuschen

déchiré	hier: tiefen Schmerz empfinden; zerrissen
déchirer *v*	zerreißen
découvrir *v irr*	entdecken
décret *m*	Verordnung
décrire *v irr*	beschreiben
défaut *m*	Fehler, Mangel
défectueux	defekt, kaputt
se défendre *v*	sich verteidigen
défunt	verstorben
dégager *v*	entfernen; hervorgehen
se dégourdir *v* **les jambes** *fam*	sich die Beine vertreten
déguster *v*	essen, genießen
délit *m*	Straftat
dénudé	nackt
dépasser *v*	hervorschauen, überschreiten
dépôt de pain *m*	Backwarenvertrieb
déranger *v*	stören
descente *f*	Abstieg
désespéré	verzweifelt
desservir *v irr*	hier: abdecken
détruire *v irr*	zerstören
dette *f*	Schuld, Spielschuld
deviner *v*	erraten
différend *m*	Meinungsverschiedenheit, Differenz
disparaître *v irr*	verschwinden
disposer *v*	verteilen, anordnen
dispute *f*	Streit
distinguer *v*	unterscheiden
doigt *m*	Finger
dommage	schade
double *m*	Zweitschlüssel
douleur *f*	Schmerz
dresser *v*	dressieren
dresser *v* **l'oreille**	die Ohren spitzen

drôlement *fam*	ganz schön, wirklich
échange *m*	Tausch
échapper *v*	entkommen
éclairer *v*	beleuchten
éclat *m* **de rire**	Gelächter
éclater *v*	explodieren
écouter *v*	zuhören
écran *m*	Bildschirm
écraser *v*	niedertreten; zertreten
éducation *f*	Erziehung
émission *f*	Sendung
empaillé	ausgestopft
empêcher *v*	verhindern
empocher *v*	in die Tasche stecken
empreinte *f*	Spur, Abdruck
enfer *m*	Hölle
enfoncer *v*	rammen
ennemi, e *m, f*	Feind(in)
énormément	sehr, riesig
enquête *f*	Untersuchung, Ermittlung
enquêter *v*	untersuchen, ermitteln
enregistrer *v*	registrieren
entourer *v*	umgeben
entraînement *m*	Übung
entraîner *v*	trainieren; mit sich bringen, mitschleppen
entrepreneur *m*	Unternehmer
entrer *v* **en scène**	auftreten
envoûtant	verführerisch, bezaubernd
épaté *fam*	baff, verblüfft
époustouflant	verblüffend
équilibré	hier: ausgewogen; ausgeglichen
équipe *f*	Team, Mannschaft
erreur *f*	Irrtum, Fehler
escalier *m*	Treppe
espoir *m*	Hoffnung

essaim *m* **d'abeilles**	Bienenschwarm
essence *f*	Benzin
étang *m*	Teich
état *m*	Zustand; Staat
éteindre *v irr*	löschen, ausmachen
s'étendre *v*	sich strecken
s'étrangler *v*	ersticken
être *v irr* **au courant (de qc)**	(über etwas) im Bilde sein
être *v irr* **matinal**	zeitig aufstehen
éviter *v*	(ver)meiden
extérieur	draußen
faible	schwach
faire *v irr* **la fête à qn**	jdn erfreut begrüßen
faire *v irr* **la peau à qn** *fig*	jdn um die Ecke bringen *fam*
faire *v irr* **monter l'eau à la bouche** *fig*	den Mund wässrig machen
se faire *v irr* **prendre**	sich erwischen lassen
faire *v irr* **signe**	hier: winken; sich melden
falaise *f*	Felsenwand
fauteuil *m*	Sessel
fendu	geschlitzt
fichier *m*	Datei
file *f*	hier: Reihe; Schlange
filer *v* **à l'anglaise**	abhauen, sich auf Französisch verabschieden
en flagrant délit *m*	in flagranti, auf frischer Tat
flairer *v*	wittern, aufspüren
flocon *m*	Flocke
flotter (vêtement) *v*	flattern
foncer *v, fam*	flitzen, rasen
forcer *v*	hier: aufbrechen
formidable	toll, prima
formulaire *m*	Formular
foudroyer *v*	niederstrecken
fouiller *v*	durchwühlen, -suchen
fouiner *v*	schnüffeln

fouineur, se *m, f*	Schnüffler, Schnüfflerin
foule *f*	Menschenmenge
fourgon *m* **de police**	Einsatzfahrzeug
fourmi *f*	Ameise
foutre *v*	hier: suchen; machen
foutre *v* **la paix à qn** *fam*	jdn in Ruhe lassen
se frayer *v* **un passage/ un chemin**	sich einen Weg bahnen
fredonner *v*	summen
froncer *v* **les sourcils**	die Stirn runzeln
frotter *v*	reiben, putzen
fuite *f*	Flucht
galant *m*	Verehrer
galant	rücksichtsvoll, galant
ganache *f*	Ganache, Mischung aus Schokolade, Sahne oder feiner Butter
gant *m*	Handschuh
garer *v*	parken
gars *m, fam*	Kerl *fam*
gâter *v*	hier: verwöhnen; verderben, schaden
gêné	verlegen
gent *f*	Sorte, Art, Volk
gibier *m*	Wild
gonzesse *f, fam*	Tussi *fam*
goût *m*	Geschmack
goûter *v*	probieren
pas grand-chose	nicht sehr viel
gribouiller *v*	kritzeln
gronder *v*	knurren
guéridon *m*	kleiner runder Tisch mit einem Bein
habitué *m*	Stammgast
hameau *m*	Weiler
hein ? *fam*	nicht wahr?
honnête	ehrlich, aufrichtig

hors de vue	außer Sichtweite
hors pair	einzigartig, unvergleichlich, außerordentlich
hurler *v*	hier: heulen
impeccable	tadellos
imperméable *m*	Regenmantel
impressionnant	beeindruckend
inciter *v*	anreizen
incompétent	inkompetent, unfähig
indéfinissable	undefinierbar
indice *m*	Indiz
indigné	empört
infiniment	unendlich
injure *f*	Beleidigung
innocent	unschuldig
inquiet	besorgt
intérieur	innen, innerlich
intérimaire *m, f*	Zeitarbeiter(in)
interrogateur	fragend
interrogatoire *m*	Vernehmung, Verhör
interroger *v*	befragen
intrigué	stutzig
jaloux	eifersüchtig
jalousie *f*	Eifersucht
jardinier, ère *m, f*	Gärtner(in)
joyeux	fröhlich
judicieux	klug, scharfsinning
jurer *v*	fluchen; schwören
juron *m*	Fluch
labo (laboratoire) *m*	Labor
largeur *f*	Breite
léger	leicht
lieu *m*	Ort
loin(tain)	weit
Loin des yeux, loin du cœur.	Aus den Augen, aus dem Sinn.
louche	zweifelhaft, komisch

loyal	treu
maçon *m*	Maurer
maintenir *v*	erhalten
maîtresse *f*	Geliebte; Frauchen
malchance *f*	Unglück, Pech
manche *m*	Griff; Ärmel
marbre *m*	Marmor
marbré *m*	Marmorkuchen
marron	braun
mec *m, fam*	Typ *fam*
médecin légiste *m*	Gerichtsmediziner
ménage *m*	hier: Putzen; Haushalt
mener *v*	führen
mettre *v irr* **en scène**	inszenieren
mettre *v irr* **qn au courant de qc**	jdn in etw. einweihen
meurtre *m*	Mord
meurtrier *m*	Mörder
miel *m*	Honig
minutieux	sorgfältig
mise *f* **en scène**	Inszenierung
mobylette *f*	Moped
montée *f*	Aufstieg
montre *f*	Armbanduhr
monture *f*	Fassung, Gestell
mordre *v*	beißen
mouchoir *m*	Taschentuch
moulant	enganliegend
moustache *f*	Schnurrbart
mouvementé	bewegt, lebendig
moyen *m*	Mittel
pas moyen de	keine Chance
murmure *m*	Gemurmel
murmurer *v*	flüstern
n'y voir *v irr* **que du feu** *fig*	gar nicht merken
nier *v*	abstreiten
obliger *v*	zwingen

odeur *f*	Geruch
œil *m* **au beurre noir** *fig*	Veilchen
ombre *f*	Schatten
onde (radio) *f*	Radiowelle
or *m*	Gold
panneau *m*	Schild, Tafel
parasol chauffant *m*	Heizstrahler
paravent *m*	Wandschirm
parer *v*	sich schützen vor, sich vorbereiten auf
paroi *f*	Wand
de ma part	von mir
participer *v*	teilnehmen
passion *f*	Leidenschaft
pâte *f*	Paste
pâté *m*	Pastete
patron *m*	Chef
penché	geneigt
(se) pencher *v*	neigen, sich vorbeugen
pendule *f*	Wanduhr
perdre *v*	verlieren
permission *f*	Erlaubnis
perroquet *m*	Papagei
persuader *v*	überzeugen
pierre *f*	Stein
piste *f*	Spur; Fährte
plaisanter *v*	scherzen
plaquer *v, fam*	aufdrücken; sitzenlassen
plein de	voll
plongé dans ses pensées *fig*	in Gedanken versunken
poignard *m*	Dolch
poing *m*	Faust
poitrine *f*	Brust
pommette *m*	Backenknochen
portail *m*	Tor, Portal
poste *m* **de police**	Polizeistation

pot *m* **de peinture**	Farbtopf
potage *m*	Gemüsesuppe
poussière *f*	Staub
précaution *f*	Vorsicht
prendre *v* **en laisse**	anleinen
prévenir *v*	benachrichtigen, warnen
profiter *v*	ausnutzen
profond	tief
profondeur *f*	Tiefe
propriétaire *m*	Besitzer
prudence *f*	Vorsicht
Quand on parle du loup... *fig*	Wenn man vom Teufel spricht... *fig*
queue de pie *f*	Frack
quotidien	alltäglich
race *f*	Rasse
racket *m*	Gelderpressung
(se) réchauffer *v*	(sich) aufwärmen
se réconcilier *v*	sich versöhnen
reconnaître *v irr*	erkennen; zugeben
se recycler *v*	den Beruf wechseln
se régaler *v*	genießen, schlemmen
regarder *v* **droit dans les yeux**	tief in die Augen sehen
regretter *v*	bedauern, bereuen
(se) relever *v*	sichern; sich aufrichten
remarquer *v*	bemerken
rembourser *v*	zurückzahlen
se remettre *v irr*	sich erholen, gesund werden
remise *f*	hier: Schuppen
remplaçant *m*	Ersatz, Vertretung
remplacer *v*	ersetzen
remplir *v*	(aus)füllen
renforts *m, pl*	Verstärkung
rénovation *f*	Renovierung
se renseigner *v*	sich erkundigen
renverser *v*	umstoßen
réparateur *m*	Arbeiter, der Reparaturen ausführt

réparateur	wohltuend, erquickend, stärkend
repérer *v*	hier: sehen; auffinden, ausmachen
répondre *v* **entièrement de qn/qc**	für jdn/etw bürgen
repousser *v*	abweisen; aufstoßen (Tür)
reproche *m*	Vorwurf
respiration *f*	Atmung
respirer *v*	atmen
ressembler *v*	ähnlich sein
rester *v* **à la disposition de qn**	jdm zur Verfügung stehen
retardataire *m*	Zuspätkommender
(se) retirer *v*	abmachen, entfernen; (sich) zurückziehen
rétroviseur *m*	Rückspiegel
réunir *v*	(zusammen)sammeln
réveil *m*	Wecker
se réveiller *v* **en sursaut**	aus dem Schlaf auffahren
revendre *v*	weiterverkaufen
rez-de-chaussée *m*	Erdgeschoss
robe *f* **de chambre**	Morgenrock
rocher *m*	Felsen
rossignol *m*	Nachtigall
rouquin *m*	Rotschopf
saboter *v*	sabotieren
sac à dos *m*	Rucksack
sachet *m*	Tütchen, Beutel
saillant	hervorstehend
sanglot *m*	Schluchzer
sangloter *v*	schluchzen
saucisson *m*	Wurst
sauter *v*	springen
(se) sauver *v*	flüchten; retten
scrupule *m*	Skrupel
scruter *v*	absuchen, untersuchen
sens *m* **de l'observation**	Beobachtungssinn
sens *m* **dessus dessous**	drunter und drüber
sentier *m*	Pfad

serrure *f*	Schloss
serviable	hilfsbereit
sifflet *m*	Pfeife
sincèrement	ehrlich
sirop *m* **d'orgeat**	Mandelmilchgetränk
siroter *v*	mit Genuss schlürfen
ski de fond *m*	Skilanglauf
soigner *v*	heilen
solution *f*	Lösung
sommeil *m*	Schlaf
soucoupe *f* **volante**	fliegende Untertasse
soucoupe *f*	Untertasse
souhait *m*	Wunsch
souhaiter *v*	wünschen
soupçon *m*	Verdacht
soupçonner *v*	verdächtigen
soupir *m*	Seufzer
soupirer *v*	aufseufzen
sourire *m*	Lächeln
sourire *v irr* **à qn**	jdn anlächeln
souris *f* **grise** *fig*	graue Maus *fig*, unscheinbare Frau
spectacle *m*	Aufführung
stratégique	strategisch
studio *m*	Ein-Zimmer-Appartement
succès *m* **bœuf**	Riesenerfolg
surprendre *v irr*	überraschen
surpris	überrascht
surprise *f*	Überraschung
surveiller *v*	aufpassen
suspense *m*	Spannung
se taire *v irr*	schweigen
tant pis	macht nichts
tapisserie *f*	Tapete, Wandteppich
tartine *f*	belegte Brotscheibe
témoignage *m*	Zeugenaussage

témoin *m*	Zeuge
timide	schüchtern
tirelire *f*	Sparbüchse
tousser *v*	husten
toussoter *v*	hüsteln
tout au fond *m*	ganz unten; ganz am Ende
trace *f*	Spur
trace *f* **de freinage**	Bremsspur
traîner *v*	hinter sich herziehen
tranquille	ruhig
transpirer *v*	schwitzen
troupe *f*	Theatertruppe
trousse *f*	Mäppchen, Federtasche
truffe *f*	Trüffel; Hundenase
Un point, c'est tout !	Und damit Schluss!
ustensile *m*	Gerät
valeur *f*	Wert
veille *f*	Vortag
en veille	im Stand-by-Modus
vérifier *v*	prüfen, überprüfen
victime *f*	Opfer
(se) vider *v*	(sich) leeren
viser *v*	zielen
vœu *m*	Wunsch
voie *f* **express**	Schnellstraße
voie *f* **ferrée**	Bahngleis
volant *m*	Lenkrad; Volant
en vouloir *v irr* **à**	jdm böse sein, es jdm übelnehmen
Votre bon cœur vous perdra.	Sie sind zu gutmütig.
voyou *m*	Taugenichts
de vue *f*	vom Sehen